アメリカ合衆国の生成とその奴隷史

國生一彦 著

八千代出版

妻真華と亡き妻雅子に捧げる

は じ め に

2019年12月24日付で知道出版さんから出した『もう1つのアメリカ史—キング牧師と、公民権運動の志士たち—』まで17冊、その中の1冊、『現代イギリス不動産法』を除くと、そのいずれも、アメリカに関するものである。

思えば中学1年生で終戦日（8月15日）を迎えた筆者にとって、アメリカは「無縁」というより、敵国であった（ずっと、「鬼畜米英」、と教えられて育った。つまり、1945年、一大転換が起こっていたことになる）。

上述の本『もう1つのアメリカ史』では、アメリカ南部15州での奴隷法制度の下での黒人について、正確には元奴隷について、彼らの歴史の後半、即ち失われていた自らの意思と権利を奪還する部分を書いたつもりであった。

そこで今回は、その歴史を遡って、元来が自由人であった彼らが、奴隷化される史実をテーマにし、「北米大陸奴隷史」と、正面から向き合った。

そのタイトルも、『アメリカ合衆国の生成とその奴隷史』とした。なぜなら、元来が「物」としてしか扱われなかった奴隷を主体（主人公）とした奴隷史だけを独立して描くことは困難というか、不可能だからである。イギリス王国の植民地（コロニー）であったアメリカでは、人々はイギリス王に忠誠を誓っていた。

もう1つ皮肉な対照として、この間、白人らが、イギリス王からの独立を獲得しつつ、共和制を確立した一方で、同時並行的に黒人らの奴隷化を完成させていた。その2つが、共存しつつ同時進行する定め、それが歴史である。

アメリカの黒人についての類書があるとしても、このような視点からの分析的見方をしたものは余り見られない。

大体、アメリカの歴史書の中で、黒人について、まして奴隷についての記述は、極めて乏しいものしか存在しない（ゼロに近いといってもよい）。

そんな中で、そもそも、「読み書き」を習うことからして許されていなかった彼らは、その生き様、行動、心情などについて、その記録がどこにも残らない仕組みになっていた。

一方で、彼らに対する白人のオーナーなどによる惨い、残忍な仕打ちについては、（流石に外聞を憚ってか）抑制的にせよ記述が残っている。

　しかし、そうした面の「奴隷物語」を記すことは、本書の志向ではない。それよりも、奴隷を支配した社会制度と、その「上部構造」としての法制に、光を当てることを心掛けつつ書き進めた。「合衆国の生成」といっても、その人的要素に、人種問題に、その典型としての奴隷制に、光を当てた物語である。

2021 年 2 月
麻布の事務所にて

目　　次

I

アメリカ前史

1. コロニー時代から革命戦争まで、黒人の奴隷化と、追随した法律

（1）16、17世紀の西半球とヨーロッパ人の進出

（イ）奴隷とは何か？　特定の時代、特定の制度

（a）奴隷制は、人類の歴史とともに古く、長い。

ここに記すのは、その比較的に新しい部分だ。

17世紀頃の北米大陸で、人々の生活の中から少しずつ、つまりアメリカ（13コロニー）が、イギリス王国から独立するずっと以前から、芽生えてきて、次第に法制度として形を整えてきたそれだ。

それは1世紀半ほど長らえていて、南北戦争後に正式に、その廃止が（連邦憲法の修正XIIIとして）宣明された、特定の国、特定の時代の奴隷制度のことである。

当時、イギリスの植民地であったそこでは、奴隷に少し似た白人労働者、後述する年季奉公人（Indentured Servants）の姿もあったが、それが、圧倒的に黒人の奴隷に変わっていったことがある。ここでいう奴隷とは、必然的に黒人（African Americans）なのである。つまり、ここでの奴隷とは、必ず人種的なことなのだ[1]。

1　それだけに、「奴隷の身分ではない黒人」（Free Blacks）は、その存在自体が、その社会では疎まれる、邪魔な存在となり、後には法律で、州外に追放されるべき存在とされた（後述）。

では一体、黒人とは何か。「たとえ一滴の African Black Ancestry の血でも混ざっていれば、外見上白人のようであっても、黒人」というのが、ここでの出発点である。

　それが、アメリカ南部でかつていわれていた "One-Drop Rule" であり、アメリカ全土に広がり、受け入れられていたルールなのである。これ以上の定義を誰も、KKK（Ku Klux Klan）も、Judge も、公民権運動家でさえも、争わなかった。そうした黒人が数百万人共生していたことで、近世から近代にかけてのアメリカは、北米大陸での奴隷制国家（Slave State）であった。

　そうした過去の中で、それまで誰もが口にしていた言葉 "Negro" は（まして著しい蔑称となる Nigger などは）、アメリカでは、その使用が 20 世紀後半頃から用心深く避けられるようになった。代わって黒人を表すのに、Black という言葉が主に使われ出した。時代が変わったのである。

　(b) さて奴隷制は、この国アメリカの法制度として、独立の当初（1776 年）から南北戦争の後（1865 年）まで存在した（それが全てではない、南北戦争後も 19 世紀末からは「囚人貸与制度」ともいうべき Convict Lease System によって代替されていた）。

　連邦憲法でずっと肯定していた奴隷法制度を、その年、同じ修正 XIII という基本法上で、正式に否定した。

　いや、この奴隷制、独立前から、つまり独立宣言を人々が唱える遥か以前の 17 世紀半ばから、まだそこが、イギリス王国の 13 Colonies であった時から、その全てで、それぞれの法律上で認められていた。

　しかし、コロニーの第 1 日から奴隷制が存在した訳ではない。1607 年にジェームズタウンに辿り着いたイギリス人らは、この新天地で何とか生き延びるべく、皆で協力した。インディアンによる襲撃とも戦ったし、「飢餓の時」（Starving Time）も凌いだ。

　その頃は、この北米大陸にまだ奴隷としてのアフリカ系黒人の姿はなかった。その間、インディアンを捕らえて奴隷にしようと努力した記録もない。つまり、彼らヨーロッパ人は、話として知ってはいても、奴隷を身の周りで見て知っていた訳ではなく、制度を利用することはなかった（ヨーロッパにも

古代から中世にかけて奴隷が存在したから、話としては無論、承知していて、アフリカの奴隷事情なども聞いていたかもしれない)。

　とにかく、あのコロンブス (Christopher Columbus) は、15 世紀末のカリブ海諸島や北米大陸にいるインディアンを見て、これをヨーロッパ人の奴隷として使役できるのでは、と考えたという[2]。何に使役するのかというと、彼らを北アフリカの西の大西洋岸まで運んで、そこでサトウキビの栽培をやらせることである。

　いや、彼はカリブ海から北米大陸沿岸にかけての先住民である「Taino Indians が、理想的な奴隷として使役できる」、と考えた。実際、彼は 1495 年に、彼ら Taino Indians を 500 人捕らえてスペインに運んでいる (うち 200 人が途中で死んでいる)。つまり彼は、その後の奴隷貿易などとは、アフリカから新世界へ人を運んできて使役するのとは、真逆のことをやろうとしていたのである。

　15 世紀末までの西半球 (南北アメリカ大陸) は、たとえ、それがその先、Atlantic World として大西洋を囲んで西欧と 1 つの世界となりえるとしても、まだ、お互いの間に行き来はなく、ヨーロッパの香りはなかった。

　そうした意味での歴史的転換点は、やはり 1492 年のコロンブスによる大航海、それによる西半球での陸地発見であり、それが、ヨーロッパアフリカ世界を、この西半球の世界に結びつけ、Atlantic World に新時代を開いた。

　それにより、新大陸と旧大陸 (ヨーロッパ) とが人文的に結ばれ、アフリカを加えた新世界 Atlantic World が開かれた。そのことが、その後の人間世界に与えた力、影響は計り知れない。人間、動植物、疫病までもが、大洋を越えて、互いに交流することになった (Columbian Exchange と呼ばれる)。

　ヨーロッパ人は、何よりも自らが他の世界に対し有する技術的と地理的な優位に目覚めた。その優位性を放置せず、これを最大限に活用するべく身構えた。

2　コロンブスの船 Santa Maria 号には、船員として 1 人のアフリカ人が乗っていたとされる (しかし奴隷ではない)。その後スペインの支配をしていたフロリダの St. Augustine の町には、1565 年に、3 人のアフリカ人が奴隷の形で連れて来られたとされる。

3

中でも、アフリカ大陸から西半球へ運ばれた人間（黒人奴隷）の数でいうと、少し後の時代まで取ると1526年から1867年までの間に1250万人に達するという（いわゆる Atlantic Slave Trade である）。うち、南北アメリカ大陸に向かったのが1070万人だった。

　アフリカ大陸は広大である。このうち南部アフリカ地方の Angola の黒人奴隷らは、主としてブラジルに向けられた（彼ら Angola 人らは、後出のサウスカロライナの Stono Rebellion の張本人だった故で、アメリカ合衆国ではすっかり敬遠されてしまっていた。代わってアメリカ合衆国では、西アフリカ地方のアフリカ人が好まれた）。

　とにかく、この Atlantic Slave Trade、大洋を越えてこれだけの黒人が運ばれてきたのだから（それは死ぬほど苦しい Middle Passage であった）、それも Columbian Exchange の1つであったのだから、人類にとって、その歴史にとって、この Exchange、巨大な変化、出来事であったことに違いない。

　ヨーロッパでの奴隷制は、近世にかけて、その北西部では一旦、姿を消したが、イスラムの侵入があった地中海沿岸の南欧地域では、イスラムとの戦いで生じた何千人もの捕虜を、イタリア、南フランス、シシリー、スペインなどで、また黒海地方で、農耕での重労働に使役することが行われていた。

　これらの奴隷は、黒人だけではない、アラブ、東欧やロシア系の白人であった。何よりも、それは、交戦状態から直接的結果として生まれたものであり、その手の条約なども、まだ作られる前で、法律によって規定され、区分された身分ではない。

　アメリカ大陸へ運ばれたアフリカ系黒人奴隷も、一番はじめは、16世紀はじめにヨーロッパ（スペイン）経由で来ている（それ以前から、スペインには黒人奴隷多数が、ずっと生活していた）。

　アメリカ大陸へ黒人奴隷が最初に運ばれたのは、1526年だという（Steven Mintz: Gilder Lehrman）。その後、1690年代には年間3万人、また1790年代では年間8万5000人の黒人奴隷が運ばれた（うち1720〜1780年の期間では、北米大陸向けが大半を占めた）。

（ロ）大発見の時代

（a）さて、西半球、今の南北アメリカ大陸の出現が、当時の西ヨーロッパ世界、スペインやポルトガル（王室）にとって、如何に大きな発見であったことか。こんな大発見ができたのも、たとえ時速2ノットであれ、海流と風を巧く利用できるように、海洋を航行する技術を人々が獲得してきたことの成果である（1つには、アフリカ西海岸沖からカリブ海の方向へと流れる海流〔Ocean Currents〕が助けになっている）。

それまで、互いの領土の内外でせめぎ合ってきたヨーロッパ人（その王）らが、べらぼうに広大な土地を、それも、己の力で支配しようとの欲望の的として見つけられたのだから、彼らは、この大航海の成果に大喜びした。

彼らとは、具体的には15世紀末にかけてのポルトガルやスペインの王室のことである。当時の大航海は、大変な「賭け」、大博打に当たるため、それができるのは王家ぐらいであり、各王室は野心に溢れる冒険家らに資金や名前を貸し与えて、これをやらせた。

その結果の大航海であり、大発見であった。こうして、16世紀を迎えようとするアフリカと新世界を含む全世界を二分していたのが、そのスペインとポルトガルであった。そして少し遅れてフランス、イギリスの王室、またオランダが出てきた。

（b）コロンブスによる1492年の大航海の翌々年、1494年には何とも先走って早いことに、もうこの先達の2つの国が、そうした大発見の成果を含めて、世界を二分することに合意していた。

Treaty of Tordesillas という条約を結んでいるのである。スペイン東部バレンシアのボルジア家出身のアレクサンダーⅥ世教皇の斡旋に拠っている[3]。

実は、このイベリア半島に君臨していた2か国間の条約、この「世界を二分する」という1494年の Treaty of Tordesillas が、この先、西半球への奴隷貿易に大きな影響を有することになる。

3　スペイン王室の Ferdinand Ⅱ世（アラゴン家）と Isabella Ⅰ世（カスティーユ家）は結婚し、力を一本化したことで、新世界制覇にも勢いをつけた。そのことで、同じ Iberia 半島のポルトガルを、当時の海洋大国を排除しようとした（この両国が、新世界などを含めて平和的に両立できるように助けたのが、スペイン生まれの教皇であった）。

これは無論、新しく発見された大陸などの領土を指していて、元から存在するクリスチャン国の国土は、全く除外した話である。

　この条約により、西半球の大陸の中で、ブラジル (Brazil) だけがポルトガルの領有と決まったという大きな歴史的意味がある。

　同条約の下で、アフリカについてはポルトガルが独占権を有していたから、ポルトガルはアフリカの Angola や Sierra Leone などから集めてきた黒人らを、文字通り商品 (Merchandise) として輸出していた。

　一方、同条約の下で西半球について独占権を与えられていたスペイン王室は、ポルトガルから黒人らを受け取って自らも輸入するとともに、特許権ならぬその独占権を、更に他国や奴隷貿易を手掛ける会社（丁度その頃、ヨーロッパで会社〔Company〕というものが、設立され始めた）へ売り渡すことを考えた。それが、世にいうアシエント (Asciento) である。

　だからといって、この両国間の合意を、他国が 100 ％認めていた訳ではない。第一、ポルトガル王 John Ⅰ世自身も、西半球の大半がスペインの手中に帰したこと（自国は、今のブラジルを得ただけだったこと）に不満を抱えていた。

　いずれにせよ、ポルトガルとスペインとの間の分離線は、教皇の下で一旦定められていた筈の線ではない。実際には両国間の合意により、それより 50 海里、西と定められた。教皇 Julius Ⅱ世も、（仕方なく？）1506 年に、この新しい分離線を承認したとされる[4]。

　(c) スペインが手にしたのは、それだけではない。両国間の合意の結果として可能になったのが、西半球でのスペインによる例のConquistadorである。16 世紀前半の、野蛮な形での（非文明的な）、何千万人もが最終的に命を失うことになるような、中南米の人々に対する征服行為である。

　まず Hernan Cortes による（現在のメキシコに当たる）Aztec Empire に対する攻略と征服がある (1519 年)。その後に続くのが、1532 年の Francisco Pizarro によるインカ帝国（今日のペルーが大体それに当たる）に対する征服であった。

　その間、スペインの征服者らは、まず中南米の人々の手元の富を根こそぎ

4　Britanca.com (event/Treaty-of-Tordesillas).

奪った後に、中南米などの山（鉱山）に目をつけた。鉱山開発には大変な労力が要るが、現地人を奴隷化して酷使した。地元の部族らの間で奴隷化が行われ、制度化していたから、この動きは自然であった。この頃、カリブの島々では、原住民らが、50 ％、90 ％などの大きな減少率で亡くなっている。

彼らの狙いは、第 1 に金、銀であったから、この西半球でも鉱山に恵まれた「中南米」に開発努力を集中したのは正しかった。たとえば Potosi（今日のボリビア）の銀山である。

そこの山だけで 16 世紀以来、水銀化合プロセスを用いる採取法により、数百トンの金を採取し、スペイン本国へ送ったとされる。

中南米などへは、主に Angola からの黒人奴隷が運ばれた点は記した。

しかし、何といっても、ブラジルが奴隷国としては最大で、かつ 350 年以上もの期間、それが続いており、その歴史も長い。1516 年にポルトガル人らが入って来る遥か前から、土着の部族間で互いに相手を打ち負かした上、その部族民を奴隷としてきた歴史がある。

(d) それとは違う、アフリカ系黒人の輸入が始まったのは、16 世紀中頃からであり、北米大陸よりずっと先行していた。実際、後には北米大陸向けも入って来る Atlantic Slave Trade の最大の参加者は、ブラジルであった。

それにより 1501〜1866 年の間に、アフリカ系黒人 490 万人が輸入された。また、1774〜1831 年の間に、リオデジャネイロ港の旧桟橋だけで、70 万人のアフリカ系黒人の奴隷が陸揚げされた、との記録もある（その一方で、土着人の奴隷化という古くからの仕来りも、17、18 世紀に至るまで行われていた）。

アフリカ系黒人の多くは、Angola（当時は Luanda と呼ばれていた）から運ばれてきた。ブラジルは、1600 年頃から 17 世紀半ばまで砂糖の最大の輸出国であったが、その生産などの労働を提供したのが、これらアフリカ系黒人である。しかし 1690 年に入り、金やダイヤモンドの鉱脈が発見されると、この採取のためのアフリカ系黒人の輸入に拍車がかかるようになる。

同じくアフリカ系黒人の話でも、北米大陸のイギリス王国の 13 コロニーでのそれと比べると、ブラジル社会でのアフリカ系黒人の方が、社会的、経済的な「上昇」というものが、より乏しいと感じられる。

ブラジルの方が、より閉鎖された社会の中で、より多くの暴力などに囲まれているのではないか。何よりも、アフリカ系黒人らの自らの意識の向上が必要といえよう（アフリカ系黒人のための政党も、生まれてはいるが）。

　ブラジルの奴隷法が廃止されたのは、1888年であったが[5]、その間、カトリック教会などによる援助の手を除くと、奴隷解放に伴う何らの支援もなかった。国も社会も、何の手も差し伸べなかった。

　アメリカほどではないとしても、アフリカ系黒人による彼らのための社会運動もあるが（Black Movement）、ブラジル社会の中の分断は大きい（アメリカ合衆国の中の黒人に対する分断以上だ）といえよう。

　さて、鉱山での働き手としては、現地人インディアンを上記のように、奴隷化して酷使していたが、その過酷な生活条件が重なり、人口減が生じてきた。そこで、スペイン人らが考えた代替案が、アフリカから黒人を運んでくることであった。

　その際、彼らは、北米大陸の入植者らとは違って、奴隷制が如何なるものか、身の周りで見て、ある程度承知していたから、船で運んでくるのでも、それ相応に、つまり最低のコストで、それを行っている。

　(e) イギリス人は、元より古くから黒人と接し、多少のことは知っていたが（アングロサクソン人らが、イングランドに到来する前の古代ローマ時代から、もう何人もの黒人が、かの地に存在していたことが確認されている）、必ずしも彼らを奴隷化することはしていない。これには、キリスト教の洗礼を受けた人間は、奴隷にしない、というイギリスの習慣も働いていたろう。

　実際、多くのアフリカ人は、西アフリカの港、たとえば Bight of Biafra などから船に載せられる前に、キリスト教の洗礼を受けさせられていたという。

　更に中世イギリスでも同じで、黒人がイギリスに住んでいたが、近世では、時のローマ教皇と喧嘩をしたことで有名な、あの Henry Ⅷ世が（スペインの）アラゴン王家の Catherine 姫を娶った時、花嫁は、数人の黒人の召使を連れて行ったことが記録されている（他に Henry Ⅷ世の 1511 年の Westminster

---

5　この年に、やっと奴隷廃止運動の団体、Brazilian Anti-Slavery Society も結成された（そのリーダー Joaquim Nabuco が、1873 年から戦いをスタートしていた）。

Tournament Roll という飾り布に、黒人のトランペット奏者の姿が描かれているという）。

　これらは、奴隷という訳ではないが、商人 John Lok（有名な哲学者 John Locke の数代前の先祖）が、1555 年に西アフリカの Guinea から数人の黒人を Captives としてロンドンに連れてきたとされる。

　離島のイギリスと比べると、スペインは何といっても、黒人と接する機会がずっと多かった。その中で、いわゆる Atlantic Creole と呼ばれる混血児と接する機会も、多く含まれていたろう。

　17 世紀後半に入り、イギリス商人らによるいわゆる三角貿易が盛んになり（三角貿易の一辺では、奴隷貿易そのものを行っていた）、それにつれてイギリスの商船隊も、ロンドン、ブリストル、リヴァプールの港を拠点に、奴隷貿易の大きな勢力となった。1730 年頃からは、それら 3 つの都市に住み着く海員や商人らの黒人との混血の子供らなども、多くなっていった。

　これら混血の黒人らの多くが、召使など下働きの仕事をしていたが、奴隷という制度、身分が確立していた訳ではない。このように、18 世紀にロンドンなど、大都市に黒人の多くが住み着く一方で、イギリスは三角貿易の一環として奴隷貿易も行ってきた。

　何しろ、古代から黒人は珍しくもなく（奴隷制度まではできていなかったものの）、そうした奴隷貿易を行う上でも、心理的抵抗、違和感は余りなかったのではないか。

　これとは対照的に、北米大陸に入植したコロニストらにとっては、黒人そのものが珍しい存在だった。その証拠として、それまでのアメリカでの出版物などの中で黒人らについての記述は、自由人であれ、奴隷であれ、とても少ない。

　その中にあって、1850 年代に南部を何回か訪れた Writer がいる（Frederick L. Olmsted）。その旅行記に当たる "Cotton Kingdom" は、「客観的かつ正確な Plantation Life の記述だ」と評されている（その具体例は割愛するが、南部の農場での奴隷らが、北東部の各州でより、ずっと激しく労働させられ、手荒に厳しく扱われている、と記述している）。

　南部の農場（Plantation）とは、家畜小屋から始まって、入植者（Planter）の

母屋に至る全ての構造物の集合（Complex）と、それを支え動かす習俗などを含む、一切のソフトウェアを指す。普通それは、それ自体として自給自足の独立した生活単位として存在した。

　奴隷らも、法律上、動産として扱われていたが、その生活単位の一部として、いわば農場に所属する物品目録の一部をなしていた。

（ハ）北米大陸でのイギリスの植民地 (Colonies)

　(a) その北米大陸、1607 年には、今のヴァージニア州ジェームズ河の河口近くに、イギリス人らがやってきて、この地に足がかりを作ろうと、悪戦苦闘していた。それより少し遅れる 1620 年には、東北部ボストンの少し南 Plymouth に、いわゆる Pilgrims らがやって来ている。

　16 世紀、17 世紀の北米大陸に来て、地元のインディアンとの間で交渉したり闘ったりしていたのは、スペインとイギリスだけではない。フランスも、今のカナダのケベック辺りからミシシッピ河に沿って、その河口のニューオリンズまでの広大な土地を占有していた。

　アフリカ人は、コロンブスの時から 1 世紀以上も後の、しかし Plymouth にやって来たピルグリム・ファーザーズより 1 年早い 1619 年に、この地に連れて来られた。19 人ほどが、そのイギリスのコロニーの 1 つであるヴァージニアの海沿いの地 Point Comfort という砦に来ている。半ば海賊船のような、イギリスの Privateer で連れて来られた。

　途中の洋上でポルトガルの奴隷船と戦って、捕獲した戦利品だという（そのポルトガル船は、カリブ海の島に、それら奴隷を運ぶところだったらしい）。

　しかし、イギリスのコロニーは、カリブ海の島などに広く拡散して多かったものの、この時代、そのいずれのコロニーでも、インディアンらを酷使することはしても、まだ法的な奴隷制は知られていなかった。

　イギリスを含め、西ヨーロッパには古くから少数のアフリカ系の人がいた。その中のイギリスについていえば、古代ローマによるイギリス攻略時に、黒人がいたとの記録が残されている。

　(b) さて北米大陸のコロニーで、ふんだんな土地を耕す労働としては、イギリス本国から若い男などを雇ってくるしかない。その需要を満たしたのが、

その少し前からイギリスの農村で行われており、北米への移民で本格化し、多く用いられていたという、徒弟制度、年季奉公制度 (Indentured Servitude) であった。

上記のようにイギリスには、古くから黒人がいて、イギリス人も見慣れていた。彼らは主として都市に住み、多くが下働き的なことをして生きてきたことも、先に述べた。

つまり、下働き (Servitude) は行っていたが、それを身分化した奴隷として働くところまでは、まだ行っていなかった。

それとは異なり、この徒弟制度は、5～7年の間、農場 (Plantation) などに住み込みで働き、年季が明けたら Headright、つまり 50 エーカーの土地と道具などを支給されるシステムである。1619 年頃には、そうしたイギリスの若い男の徒弟が 1000 人ほど、ヴァージニアに来ていたという。

(二)　徒弟制度から奴隷制度へ

(a) そこで、それら初期のアフリカ人らも、そうした徒弟制度の下での働き手として、イギリスの若い男らを補う者と見られ、その制度を参照して扱われた。つまり、彼らアフリカ人もはじめは、基本的に自由 (Free) な人間であった。

13 コロニーの全てで、奴隷制が法制化されていたからといって、自由人 (Free Blacks) の存在を排除したものではなかった。1619 年にアフリカの黒人が初めて北米大陸に姿を見せた後、他に何人もの黒人が来ているが、彼らは必ずしも全てが奴隷ではなかった。

更に、自由人を母として生まれてきた子は、全て自由人となるし、解放された奴隷も、逃亡できた奴隷も、自由人となる。

統計を要約すれば、13 コロニーの時代 (1780 年代まで) を通して、30 万人弱のアフリカの黒人が連れて来られたが、その 3 分の 2、20 万人弱は、1701～1760 年の間である。このうち、ヴァージニアとメリーランドとに、全コロニーの黒人の半分が居住していた。

13 コロニーにいた黒人らの平均寿命は、カリブ海の島々やブラジルにいる奴隷との対比で、かなり長かった。つまり、より恵まれた生活条件にあった

とされる。生殖力も高かったから、13 コロニーの黒人の数は、急速に伸びた
し（1860 年で 400 万人）、この増加率は、イギリス人を含むヨーロッパ系の人々
の増加率の 2 倍近いものだったといわれる。

（b）こうした自由人の黒人についても、1790 年代から後は、10 年ごとの
人口調査により具体的に分かっている。それをベースに、彼らの 80％ほどに
つき個別に血統を遡っていくことで、それに法廷の記録、登記証書、遺言な
どを併せて辿ることで、自由人の黒人の多くが、主に労働階級の白人女と黒
人男との間の子に行き着くことを明らかにした人がいる（Paul Heinegg）。

ただ、黒人でも年季が明けたら、同じく土地と道具などを与えられる建前
になっていたかとなると、答えは曖昧だ。ましてや、そもそも 5〜7 年の年季
があったかどうかさえも、必ずしもはっきりしない。何しろ、奴隷制は、13
コロニーでははじめは存在しなかった。無から生じてきた制度である。

無論、古代や中世には奴隷に似た制度が、ヨーロッパ、中東、アフリカな
どのあちこちに存在したから、全くの未知の制度という訳ではない。

それにしても、後に生じてきたような不動産に付随する動産 Chattel とし
ての法的位置づけ、一個の人格でも、人間でもない、奴隷というのは、北米
大陸のイギリスのコロニー独自のものと考えられる。

この独自の制度形成に至るまでには、半世紀以上の時が必要であったし、
更に奴隷の要件として、「このコロニーで生まれ、かつその母が奴隷の身分」
ということが求められた。

（2）海の道は、カリブ海の島々から

（イ）原型となった島々の奴隷制

（a）ヨーロッパ勢による西半球への進出は、カリブ海がまず先である。イ
ギリスの場合も同じで、ジャマイカとバルバドスに 1623 年、1627 年にそれ
ぞれ行って（発見して）いる。

ここでの主題、奴隷制度でも、実はカリブ海の島々が先行していた。第一、
カリブ海の島々での農園の規模ときたら、アメリカ南部州の農園の比ではな
かった。これは、1 つの農園当たりの黒人奴隷の数も、カリブ海の島々のそ

れが、北米大陸を遥かに上回っていたことを意味した（カリブ海の多くの農園が、平均して150人以上の黒人奴隷を抱えていた）。

　一方、カリブ海の島々の奴隷制には、大きな問題があった。奴隷らの死亡率の高さである（その反対の、出生率の低さもあった。年次の人口減の率は5％という）。つまり、アフリカから休みなく輸入してこなければ、農園のスケールが維持できないということである[6]。

　カリブ海の島々との比較で、もう1つ目につくのが、アメリカ合衆国での奴隷の方が、アフリカの先祖から世代的にずっと離れていることである。

　19世紀に入ってからの調べだが、カリブ海の島々の黒人奴隷のほとんどが、アフリカ生まれの「1世」であったのに対し、アメリカの黒人奴隷は、3世、4世、中には5世というのも多かった。

　更に、アメリカの黒人奴隷について、もう1つの特色は、男女の性別の分布も均等に近いことである（再生産率が高い）。現にアメリカの奴隷社会の人口は、1世紀半以上もの間、他に類を見ないほどの自然増を記録してきた。

　一方、奴隷の働かせ方は、どこも概して厳しい。女奴隷でも手心が加えられるようなことは少なかった。妊娠9か月でも、たとえばタバコの摘み取りなら、「平均の4分の3より少なくてよい」、などということはなかった。

　また、乳児の死亡率も高く、約半数が出生から1年以内に亡くなっていた（最大の理由は栄養不足である）。しかも、生まれてくる子も3、4か月で離乳扱いとされた（18世紀ヨーロッパ社会では、18か月と勧告されていた）。

　その他、乳児は、ビタミンその他の栄養不足から来ると思われる盲目、脚気、その他諸々の病気により、早死にする者が多かった。これは、アメリカ南部の奴隷についての話であるが、カリブ海の島々では、間違いなく、これ以下の状況であった。

　(b) そのカリブの島々では、18世紀半ばに、それまでのタバコを主とする農業から、砂糖の生産へと変わったことで、そのための労働力が求められ、丁度アフリカから新しく連れて来られた、この黒人らに目がつけられた。

6　先に挙げたGilder Lehrmanでは、ジャマイカの奴隷と大体同じだったが、出生率はアメリカの方が50％も高かったとしている。

即ち、イギリスの下でのジャマイカとフランスの支配する Santo Domingo で、西半球におけるこの時期の新しい奴隷制の始まりが見られた。

前出の通り、奴隷制はアフリカに古くから存在した他、西ヨーロッパでは、中世後半から近世にかけて、地中海地方（スペインなど）にも存在した。

奴隷制は、アフリカ大陸とともに古く、その国々の成立ちとともに多様であった。更にアフリカ大陸以外から、つまり「外から」の人の出入りも頻繁だった。紅海、サハラ砂漠を、地中海を経由して、9世紀から19世紀までの10世紀以上もの間、主としてイスラム諸国の例に倣った奴隷制が入り込んでいたとされる。

近世にヨーロッパ人が、アフリカ人の奴隷を買い入れたことがあったが、それは、アフリカ人が近隣国などと闘って捕虜にしたアフリカの他国の奴隷であることが多かったという。

こうした奴隷売買にヨーロッパ人の方から支払いに充てられたのは銃（Muskets）をはじめとする工業製品（布地、アルコールなど）である一方、近隣国からアフリカ人に向かっては、奴隷を売るよう要求した例もあった。

他に、初期 Atlantic World には、黒人女性とスペイン人ないしポルトガル人との間の混血児もいたろう。それらの混血児らは、別名 Atlantic Creole とも呼ばれていたが、その父の中には、西アフリカの港などにいて、ヨーロッパとの貿易や、カリブ海へのアフリカ人の送り出しなどに携わっていた者がいた。

(c) 13コロニーでの奴隷制は、「当初から存在したものではない」、と述べた。「約半世紀ほどの間にゆっくりと形をなしていった」、そう説明される。どこかにモデル、見本がなかったのか。

実は、1623年と1627年という早くに、そこで奴隷として使役されると知りながら、カリブ海の St. Kitts と Barbados にアフリカから黒人が運ばれていた。この St. Kitts と Barbados は、ともにイギリスの占領した島で、同じイギリス王国の13コロニーとの間に行き来があった。

しかも、この奴隷に係る一連の取引は、とても利のある商売で、それにより得た利益が、イギリスの資本形成の第一歩として力を貸している。

つまり、イギリス人はこれらカリブ海の島と、13コロニーとの間を往来することで、奴隷に係るノウハウを積み上げ、広げていったといえる。こうしたカリブ海諸島で黒人らは、サトウキビの栽培に働かされていたが（イギリスがオランダから教わりつつ、ジャマイカで砂糖の生産を始めたのが1640年だという）、やがて、そのノウハウがジョージアやサウスカロライナなどのコロニーで生かされる。

（ロ）西インド諸島でのスペイン、フランス、イギリス

（a）イギリスと比べると、フランスの西半球での奴隷制との関わりは、1世紀以上遅い。というのは、フランス領西インド諸島に、そうした奴隷運搬を行ったのが、1763年から1792年の間だからである。

そうした奴隷貿易は、それなりの船を持った専門の業者や船主（Négriers）が行っていた。その間に、フランス大革命（1789年）があると、彼らは、興ってきた奴隷反対の声の前に、それに対抗して自らの取引を擁護するためにも、奴隷貿易を継続していかねばならなかった。

18世紀末にかけて、西欧で紅茶を飲む習慣が生じ、殊にイギリスでは、砂糖は大変な人気商品になっていた。しかし、カリブ海諸島での劣悪な生活環境もあり、黒人らの多くが早死にをし、イギリス、フランスの奴隷貿易業者とも、補充の黒人らを運ぶのに忙しかった。

近世に入っても、アフリカには、アフリカ式の奴隷制が制度として存在していたとされる。それにヒントを得ていたのであろう、それをベースに新世界で一番早く奴隷取引をしていたのが、ポルトガル（売り手）と、スペインとであった。

西インド諸島のHispaniolaに黒人らを運んできたのが、1502年のスペインであったが、新世界に限らなければもっとずっと早く、ポルトガルの航海王子Henryは、アフリカBerbersの人間を、奴隷として捕らえて、自国に連れて行っていたという（1442年）。

イギリスは、この2国に比べると、少し遅れたが、エリザベスⅠ世女王が1560年にJohn Hawkinsに、奴隷取引の免許を与えたのに続き、1672年になると、奴隷取引の商売がピークに達し、チャールズⅡ世王は、王立の専門会

社（Royal African Company）まで設立している。その絡みでイギリス国会は、1729〜1750年の間、西アフリカの奴隷積出し港の施設（Stations）を維持するのに、予算を手当てしていた。

こうして数十年にわたり、奴隷取引は、イギリス王室が伝統的にサポートする商売として確立していた。

マサチューセッツ州などでは、イギリス王室の奴隷取引への積極的な関わりに対する市民のこのような反感も、その反英感情に一役買っていた。

（b）当時の帆船で、アフリカと新世界の間の大西洋を渡るのは一苦労どころではない。ましてや奴隷らは、船倉の下の方に入れられて、その1か月ほどの間、太陽を見ることもない。

彼らの多くは、壊血病や脚気などの病に罹り、10％ほどの奴隷は、航海の間に亡くなっている（その前、中西部アフリカで捕らえられてから、港に連れて来られるまでに、3分の1が死んだ、とする専門家もいる）。

このように、イギリス王の支配下にあった13のColonies（イギリスの国内法上は、「県」〔Province〕の名で呼ばれ、数えられていた）。そこでのアフリカ系黒人の扱いは、はじめは、上記のようにIndentured Servant、つまり契約上の働き手としてであった。

そこから、やがて18世紀はじめ頃までには、いわゆる奴隷制度が13コロニーですっかり出来上がり、その法制が、史上に冠たるものとして確立するようになる。

やがて世紀末を経て、1807年には奴隷輸入禁止法が作られるが、それまでは、とにかく「奴隷」といえば「13コロニー」というほど、アフリカから大量に輸入がなされた（殊に1720年から1780年の間がピークだったが、1821〜1830年の間でも、年間8万人が運ばれてきたという）。それでも西半球全体への輸入と比べると、13コロニーへの輸入は10％で、カリブ海とブラジルへの輸入が90％を占めていた。

繰り返しになるが、法制化の歩みは17世紀を通して、ゆっくりとしたものだったようだ。つまり、奴隷法制（Slave Laws）といったものが、はじめから体系的に存在した訳ではなかった。

　土中の栄養分を吸い取ってしまうタバコ。だが 17 世紀後半の南の 13 コロ
ニーでは、これが宗主国イギリスに対する収支を助けていた。Planters は、
コロニーの南東部のそうした痩せた土地から、西方の地に力を入れ出した。
そこに丁度、その奴隷化の歴史とともに労働力として出現したのが、黒人ら
である。

　(c)　そうやって成立していたタバコ王国も、この栄養分の費消による痩せ
た土地のため、早晩終止符が打たれる。自ら農場主であるトーマス・ジェ
ファーソンを含めて皆が、そう考えていた。

　つまり、どこかで彼らの心の重荷になっていた奴隷制も、やがて自然と立
ち消えになろう、そう考えていた。彼らが皆、一面大変重宝している奴隷だ
が、心中深く抱いていた蟠りがあった。「自分たちが誇っている独立宣言を
見てみよ、何たる矛盾！」、である。

　ところが、Eli Whitney が現れて、後記の Cotton Gin を発明した。それま
では、綿の種から綿糸になる部分 (Lint) を取り出すのに、とても手間がか
かった（奴隷 1 人が根気と闘いつつ 10 時間かけて、やっと 1 ポンドの綿を取り出せた）。

　この Cotton Gin が発明されたことにより、奴隷 1 人が 1 日に取り出せる綿
は 1000 ポンドになった。それにより南北戦争 (Civil War) が始まる 10 年前の
1850 年には、南部は、手ぐすねを引いて待っているイギリスの機織工場へ、
年間 100 万ドルを超える綿を納入することができていた。そうしたことで南
部では、自己礼賛の気持ちを込め、"Cotton King" という言葉が口にされて
いた。

　その南部では、1860 年の Civil War の開始時には、300 万人を超える奴隷
が綿畑の耕作などの作業に携わっていた。つまり、多分に綿に特化した社会
生活である。これが、南部と北部の産業間の関係を、これまでとは違う次元
に変えるとともに、双方の社会を、その経済を、互いに相手とは別物へと変
化させていった。それにつれて、それぞれの社会の奴隷制に係る互いへの思
いは乖離し、それが、南北社会の離背の核心部分になっていく。

（3）革命戦争前の奴隷法制の歩み

（イ）奴隷法は、どうやってできたか

（a）一方、奴隷法制の方であるが、これまで述べてきた通り、奴隷制の事実上の形成に遅れて、後から少しずつ積み上がってきている。つまり、ここでの法の形成は、基本的に先行した事実が積み上げたものを、法文にした形を取っている。

この先行した奴隷の事実化は、特に17世紀後半に進んだ。しかもこの17世紀後半はイギリス国内の経済が上向き、イギリス人の年季奉公人を集めることが、より困難になった時である。

北米大陸でのアフリカ系黒人の奴隷化への試行錯誤的な歩みにマッチするように、その法制化も、ゆっくりと形成された。中心的なヴァージニアの場合でさえも、その時々のバラバラな、100以上の立法に拠っていたという。

その点は、南北戦争後、一旦は北（合衆国）軍の支配下に入った南部州が、その後、独自の力を取り戻した後に立法した"Black Code"とは違う。こちらは、南部各州が1877年までの不本意な再建期を経た後、再び白人による支配が揺るぎない世の中（もう法律上、奴隷制はないものの）、いわゆる「取戻し期」（Redemption Era）を取り戻すために作成したものだ。

Code の呼び名が示す通り、革命戦争前のコロニーでの Slave Laws が継ぎ接ぎでできていたのとは対照的に、こちらの方は、はじめから体系的に作られていた。

以前のような奴隷法制は、連邦憲法の下で存在しえないが、白人らが、元奴隷らを実質的な下層階級としてずっと区別し、抑圧し続けていけるように、綿密な立法（Black Code）がなされた。

そのため、一見、連邦憲法に反しないかのように、巧みな言葉で小手先の工夫が散りばめられていた（無論、Slave などという単語は、どこにもない）。たとえば、投票権の付与の要件として、不動産を所有している成人男子とか、2ドル以上の不動産税の支払いの証明があること、とした州法である。

（b）上記のように、奴隷史の中でも重要な奴隷法制（Slave Laws）の立法は、

ゆっくりとしたもので、18 世紀はじめまで持続することになった、しかし法律のできるかなり前から、ヴァージニア社会では、いわゆる人種差別的なものが、おそらく人々の一般的な態度として形成されていったのではないか。

　この奴隷法制の形成で、イギリスが主要な役割を果たした。つまり、イギリス人は、大西洋を跨ぐ Atlantic 世界で、アフリカ人を商品とした奴隷貿易でも、主要な役割を果たしてきたが、加えて、そのアフリカ人の奴隷化でも、中心的役割を果たしてきたといえる。

　特に、大英帝国 (植民地を含む) 内での取引が禁止される前のある時期 (イギリス国内では、奴隷そのものが、1772 年の Somerset v. Stewart, 98 ER 499 の判示により違法とされていた)、ポルトガルを抜いて、文字通り世界一になったことは、以下に記す通りである。

　多くのイギリス商人が奴隷売買の旨味に気づき、奴隷船の船主となる中で、イギリスが18 世紀の前半を通して、大先輩格ポルトガルを抑えて、大西洋の奴隷貿易のダントツのリーダーとなっていった。つまり、イギリスの奴隷商人と、彼らの所有する奴隷船が、大西洋奴隷貿易を牛耳っていた。

　中でも、1660 年にはイギリス王が勅許して、奴隷貿易に特化した会社 Royal African Company (RAC) が設立されている (その後の立法によって変化している)。

　それにより現れた何より大きな変化が、アメリカのコロニーにおける 18 世紀前半のアフリカ人の人口増大である。

　丁度その頃、紅茶文化が西欧で始まり、上記のように砂糖に対する人々の好みもはっきりしてきた。17 世紀前半まで、カリブ海の島々を我が物のようにしていたスペインを、イギリス人らは武力で追い払って、そこにオランダ人などの助けを得ながら砂糖農場を造った。

　そのために必要な労働力として、ジャマイカでは 1740〜1807 年の期間に、アフリカからカリブ海へ来た奴隷の33％を受け入れたとされる。つまり、彼らは奴隷労働を使って耕作するノウハウを、まずジャマイカなどで習得し、それとほぼ同時か、少し遅れて13コロニーの南部で、実地に試していたのである。

こうした奴隷労働を使って、彼らは砂糖の他にも、タバコ、コーヒーなど
を育て、家畜も飼っていた。アフリカから奴隷を西半球に輸送する権利につ
いては、15世紀末のポルトガルとの条約の下で、30年間スペイン王室が持っ
ていた。アフリカ人を西半球に輸送できる "Asciento" と呼ぶ権利である。

　ジャマイカなどの農場での奴隷の扱いは、殊にスペインによるそれはひど
かった。第一、食事も十分に与えられなかったから、時々反乱も起きていた。
無論、鞭打ちは頻繁に行われた。イギリス人らは、それも多少参考にしたと
考えられる。

　(c) そのようにしてヴァージニアコロニーの議会で、色々な立法が提出さ
れるようになったのが、17世紀後半、1660年代である。中でも重要なのが、
1662年にヴァージニアコロニーの会議で成立した「コロニーで生まれた子は、
その母の身分に従う」とするルール、ラテン語でいう "Partus Sequitur
Ventrem" を採用したことである。これはイギリスのコモンローのルール、
「子供の身分は父のそれに従う」とすることから乖離していた。

　その他では、それまでに集積した習俗をまとめ、奴隷を「生涯の定め」
(For Life) とし、かつ「母系の子孫に伝えられる身分」というルールが第1に
来た。これらの基本を定めたのが、1663年のコロニーの法律であった。

　女奴隷から生まれた子は、その父が誰であれ、全て奴隷となる。つまり主
人 (Master) のものとなるのである。

　まだコロニーの時代である1667年には、イギリス国会がコロニーのため
の奴隷法を定めている (コロニーの法律は、その下に位置づけられる)。現にある姿
を踏まえた厳しい内容で、奴隷はパス (Pass) なしで、農場を離れてはならな
い、武器や笛などを身につけてはならない、などという禁止条文も入ってい
た。

　こうして1680年頃に、イギリス王国の13のコロニーにおける奴隷法の骨
格が一応整った (この13コロニーに入らないテネシーとケンタッキーに人々が入植し
たのは、19世紀から後のことである)。その法制の下での奴隷 (Slave) は、動産
(Chattel) であり、主人 (持ち主) が物として自由に処分できた[7]。

　反対に、奴隷の方から見ると、人 (Person) としての人格も、主体性も認め

られない。結婚することも、何らかの契約を結ぶことも可能ではない。

　今日でも、欧米人の側には、余り当時と変わらない奴隷観の人がいる。「黒人は生来的に、我々白人に比較して人として劣後（Inferior）する……」、式の考えが底にある。

　カロライナコロニーで黒人奴隷が制度化されたのは、Carolina Grand Council の 1669 年の法制定を最初とし、その後 1686 年から、いくつもの法律が成立してきた。

　その中の基本法で、奴隷を半不動産権的に、つまり Freehold として捉えていた（中世ヨーロッパでも、田畑に付属する農奴〔Serfs〕と捉えていたことを思い出させる）。しかし 1696 年にはこれが、動産（Chattel）としての性格づけに変わったという。

　それらの法は、また黒人奴隷に対する刑罰法規も含んでいた。白人に対する攻撃と逃亡は、初犯なら、その刑罰は鼻の切り取りと顔の一部にアイロンを当てた焼きつけ、それに加えて鞭打ちである。2 回目以上の犯行の場合は、死罪だったという。

　(d)　一方、1712 年までは、その定めがなかった解放（Manumission）は、その年 Good Cause に対して、「行うことが可能」とされた。ただし、解放された黒人は、6 か月以内にカロライナを去らねばならず、さもないと、再度、奴隷とされて公売されてしまう。

　（奴隷身分から）「解放する」を意味する Manumit は、ローマ時代の仕来りに由来して、（奴隷に対して）古代スペインで行われていた行為に源があるとされるが、コロニーではメリーランドとペンシルベニアで、主として Quaker らにより行われたのが始まりである。

　しかし、この解放は、1800 年に、その要件がより厳しくされた。それというのも、厄介者の黒人を自由にして村落に迷惑を及ぼす例があったためとされる。この解放要件の加重は、1820 年と 1822 年にも、更に行われている。

7　この「奴隷は人なのか？　それとも動産なのか？」は、1786 年 7 月の制憲会議（Constitutional Convention）でも大問題となった。南部は議会での代表を増やすために、奴隷の人数を人に含めたかったが、「それは、奴隷としての本質に反した主張だ」、と北から攻撃されていたからである。

カロライナでは、黒人人口が白人を上回ることを予見して、1716 年に法律で、10 人の奴隷輸入につき、1 人の白人の働き手を輸入すべきことを定めた。1865 年にサウスカロライナの黒人人口は、40 万人（人口の 58 ％）に達していた。

　この他、輸入者は、アフリカからの黒人 1 人につき、10 ポンド（カリブ海からの黒人だと 30 ポンド）の関税を支払った。

　サウスカロライナでは、1739 年に Stono Rebellion があったことから、1740 年には、その反動としての Negro Act が出され、以後 1865 年まで、これが黒人らを抑圧するために使われてきた（ジョージアコロニーでも、1755 年の Slave Code として真似されている）。

　この Negro Act は、上記のような由来から、大変細かい点まで、奴隷の日常生活を厳しく規律するようになっていた。服装などでも、その生地からして、ごわごわの生地しか許していなかった。

　その他、読み書き、集会なども禁止されていた。確かに、現代のような情報化時代は別としても、近世からの智の時代で、「読み書きを禁止」というのは、知的障碍者を育てる行為に等しく、人間性に反するが、それが法として行われていた。

　そうした掟に反した黒人に対する裁きは、Tavern や Store の中で開かれて、そこにはアルコールなどが入った見物人がいたという（Negro Act の下で 1775 年までに、191 人が死刑に処せられたとされる）。

　ここまで、奴隷を意味する英語を Slave で代表させてきたが、Nikole Hannah-Jones（女史）というコメンテーターは、“Enslaved Person” を使うべし、としている。つまり、「生来的なものではない。社会によって奴隷にさせられた、制度的なものだ」、という点を強調する。

　彼女はまた、この北米大陸にアフリカ人らが初めて到来したのは 1619 年と、イギリスからのピルグリム・ファーザーズのそれ（1620 年）より早かった点を指摘した上で、それでも人々は、メイフラワー号のことは知っているが、19 人のアフリカ人が載せて来られた、同じくイギリスの船、White Lion 号のことは話さないし、第一、知らない人が多いという。

（ロ）モデルとしての制度

（a）ヴァージニアが13コロニーの、特にその南部での中心であり、代表であると述べてきた。奴隷（黒人）の多さにおいてもそうだし、制度の創出でリードしていた点でもそうだ（先住していたオランダのLegacyの残ったニューヨークの奴隷とは、少し違う）。

まだ奴隷制が少しずつ確立していく中で、形成された固定観念、それが奴隷＝（アフリカ系）黒人という考えであった。黒人＝奴隷が正しいとすると、その逆、「自由な黒人」（Free Blacks）という観念が、違和感となって突出してくる。

一体、それはどんな人間で、どの程度、多くいたのか？　自由な黒人がどう見られ、扱われていたのか。色々と疑問が沸いてくる。

これは、時代によっても若干、変化している。観念的には、彼らもイギリス人である（Englishmen）。つまり、土地を所有し、投票し、税を支払う主体となる。

しかしその後、奴隷制度の深化とともに（かつ黒人の奴隷の比率が上がるとともに）、それらの能力も、少しずつ削られていって、不自由な面が増えていった（ある学者が、Quasi Freedomという領域に入れられた）。

（b）それだけではない。奴隷の身分の厳格化方向の立法として、コロニーのGeneral Assemblyは1667年9月、「奴隷が洗礼を受けたからといって、そのことによって、束縛（Bondage）から逃れることはない」、とする法律を通した。

更に1668年の法律では、全ての黒人の女も（今までの黒人の男と同じく）、Tithable、即ち農地の付属物、働き手として、課税対象となるものとした。それにより、その女が奴隷なら、その主人が税を負担するし、Free Black Womenなら、そして結婚していれば、その夫妻が税を負担することになる。

更に重大なのは、白人と黒人の結婚を禁ずるとともに、Free Blackに対して、「6か月以内にコロニーから出て行け」、とコロニーが命じられる法律を、1691年に通したことである。

これには、Free Blackの元に奴隷の黒人が出入りすることで、奴隷労働が

阻害されたり、物が盗まれたり、その他のマイナス面が目立ってきたことがある。そして、最後に18世紀に入ってからであるが、1723年に遂に、全てのFree Blackや混血児などの投票権を失わせる立法を通している。

(c) このように白人社会から見て厄介な存在の自由な黒人が、どの程度多くいたのかについては、ヴァージニアのNorthampton Countyに正確な記録が保存されていた (encyclopedia, Virginia)。

そこでは1677年には、101人 (男53人、女48人) の自由な黒人が記録されていることが分かる。これは、黒人のうちの13% (男だけだと19%) に当たる。

これを1664年の29%と比べると、その間にも自由な黒人の割合が下がっていることが、つまり奴隷化がかなりのスピードで進んでいたヴァージニアコロニーの姿が見えてくる。

19世紀に入ると、自由な黒人の比率は、1桁台に下がってしまっていることが、他の地域でも示されているから、上記の29%が、コロニーでの自由な黒人の最大値ともいえよう。

1808年に、それまで行われていたアフリカからの黒人奴隷の輸入が禁止されると、アメリカ国内での黒人奴隷の販売が盛んに行われ出した。

しかも、綿の価格は世界的に強く、黒人奴隷による畑仕事は忙しくなる一方だった。そのため大半がアメリカ国内での売買に頼ることになり、今まで黒人奴隷が多く集まっていたヴァージニアなどの浅南部州から、更に深南部州へと売られていく (やがて、ニューオリンズがその最大の市場になっていった)。

(ハ) 農場 (Plantation) での生活

北米大陸での奴隷の典型は、南部農場での奴隷である。100人程度の奴隷のいる比較的小さな農場を取ってみよう。彼らは、その大多数を占める農地での働き手Field Handと、少数のHouse Slaveとに分けられる。

House Slaveの仕事は農場オーナーと、その一家の生活に奉仕することであり、料理、クリーニング、家庭菜園や家畜の手入れ、裁縫や衣類の繕い、更にその家の幼児の面倒見などである。

Field Handは普通、日の出から日の入りまでの18時間労働であるが、

House Slave も、畑仕事と違うがやはり長時間で厳しい仕事だ。

　これらの奴隷は、New Africans (Saltwater Negroes)、Old Africans、そして Creoles の３つに区別される。前２者は、大西洋を越えてきたのが古いか新しいかの区別であり、ここでの Creoles とは、「文化的にアメリカ化した混血児」といった意味に近い。

　後２者が House Slave としては好まれる。なぜなら、New Africans は、まだ奴隷の身分が如何に牛馬にも劣るようなものであるか、十分に分かっていないで、反逆しやすく、主人にとっても身の危険がある、と考えられていたからだ。

　それを分からせ、命令のままに従順に動くようにするために行われた、強制を伴った極端に荒っぽいプロセスを、Seasoning と呼んだ。

　Field Hand は、森林の伐採に始まって、新しい畑地の造成、溝の掘削、更には作物の栽培と、一切を受け持つ。

　それは "Gang Labor" というもので、年齢、働き手の体格、腕前などによってグループごとに分けられる。畑など作業の場では、これに Overseer とか Driver（これは下層白人か、さもなければ House Slave の一部がなる）がついて、労働の監督の任に当たる。こうした労働条件に加え、衣食住の劣悪なことから、Field Hand は、短命に終わる率が高かった。

　こうした点からも、同じ奴隷でも Field Hand と House Slave との間には、はっきりとした階層の区別がつけられていた。こうした制度化も、ヴァージニアから他のコロニーへと広がっていった。

　そういう事情があるから、奴隷の主人は、気に入らない House Slave に対しては、「Field Hand にするぞ！」、と一言いうことで、その命に従わせることができた。

　かといって House Slave とて、決して楽でないこともいうまでもない。どんなに小さな子でも、主人の子に対しては（こちらが年輩奴隷であっても）"Sir" とか "Ma'am" とかで応答せねばならなない。その一方で House Slave は、時により Field Hand の中の不穏な動きを察知して知らせる役目も負っていた。

(ニ) Sold Down The River

(a) 奴隷が、ヴァージニアなどの浅南部州から深南部州へ売られていくことを "Sold Down The River" という。奴隷にとって昔から恐れられていた出来事だ。River とは、文字通り、そこでの大きな存在、ミシシッピ河（と、場合によりオハイオ河）を指す。

そうした旅の始まりは、「奴隷市場」である。ケンタッキー州 Louisville にも、その市場の 1 つがあった。ある歴史家は、奴隷にとって、Sold Down The River は、死刑宣告と同じ程度に恐れられていたと記している（2014 年 1 月 27 日 NPR）。

奴隷の中では、男奴隷の方が、女奴隷より値段が高かった（女の中では、10 代中頃から上の、少なくとも子供を 5 人は産める若い女の値段が高い）。18 世紀末から先、世界のマーケットで綿花が値上がりしたことで、奴隷に対するニーズも高まり、この深南部州への売却の動きは、より強まった（1790〜1860 年で、100 万人が運ばれた、とされている）。

1808 年からは、アフリカからの奴隷の輸入が禁止されたことから、買い手は、専ら国内市場に目を向けるしかなく、その 1 つが、Slave-Growing States の 1 つとされたケンタッキー州、その Louisville 市場であった。

ケンタッキー州は、例の女流作家 Harriet Beecher による Uncle Tom という（架空の）人物のいたところともされている。

(b) それまで、この黒人奴隷の売買取引は、金額的に土地よりも高く、当時のヴァージニア州での最大産業であって、その州都 Richmond の栄えと賑わいは、それを支えにしていた。

ヴァージニアは比較的早く、上記の Penal Colony、つまり「囚人の流刑地」としての意味から脱し、むしろ投資対象としてのコロニー、つまり入植の主目的が金儲けとなったが、メリーランドなどは、革命戦争開始時まで、Penal Colony の状態が、主な形に留まっていた。

白人と黒人奴隷との関係は、複雑かつ微妙である。白人ら（Slaveholders）は、しょっちゅう集まっては互いに、「どうやったら黒人奴隷らによる反乱を抑えられるか」、などと話し合っていた（Slaveholders と呼ばれるのは、大体 20

人から上の奴隷を抱えている人である）。それほど、反乱は彼らにとり第1に気がかりなこと、問題なことだった。

　無論、18世紀一杯を通して13コロニーで、特に深南部の3コロニーで、それを含んだ社会の在り方とともに、練り上げてきた奴隷制度である。そのための法制度、宗教的規律、社会秩序や規律などである。

　たとえば、黒人奴隷には読み書きを習得させない、4人以上集まらせない、棒などの道具を身につけさせない……などである。その一方で白人らは、黒人独自のもの、文化、伝統などを保存しようとした。アフリカ由来の言葉、音楽、ダンス、食物などである。

　そんな中、黒人奴隷の方も、荒立たない形での精一杯のレジスタンスをしていた。時には反乱、反逆もあったが、その結末はいつも悲惨であり、「二度と思い立つな！」とばかり、回復困難な処罰を受けていた。

　そこで採られたのが、日々の小さな行動である。手抜きによる復讐などである。機械器具などを壊す、食物をくすねる、できるだけ仕事の効率を上げない……などである。

　無論、こうした強い反感は、各個人に心理的にも厳しい負担を課す上、黒人ら自身は、殊に厳しい心理に追い込まれる。自殺者も多く出た。

　1842年になってからであるが、イギリスの作家 Charles Dickens も、ヴァージニアの奴隷社会を見て、「気を滅入らせられた！」といっている。

　こうした葛藤の中での黒人らの、自殺によるその場からの脱出の反対が、反逆（Rebellion）である。1860年までに何十件もの事件が起こっている。こうした反逆の中で、ヴァージニアで起こった大きな事件としては、Gabriel Rebellion（1800年）と The Nat Turner Revolt（1831年）が挙げられる。

　他のコロニーでは、1739年のサウスカロライナでの Stono Rebellion が規模も大きく、その深刻さ故に、アメリカ全土に大きな衝撃を与えていた。

（ホ）廃止運動と解放

　（a）奴隷制は、18世紀に入る前に13コロニーの全てで法制化されて存在するようになった一方、北東部ニューイングランドを中心に、廃止運動（Abolition Movement）も生じていた。ヴァージニアでも1790年に Abolition を

27

進めるための団体がスタートして、印刷物も作られている。

その中で、奴隷の主人による、自らが所有する奴隷を解放（Manumit）する行為、それが一種の要式法律行為として成立してきた。その法律行為も、上記のような反逆、殊にサウスカロライナコロニーでの反逆（Stono Rebellion）の影響により、次第に厳格化してきている。

それまでは私署証書でよかったものが、コロニーの議会の承認を必要とするように変わるなど、解放そのものを、とても実施困難にするような足取りを辿っている。

少し後になるが、19世紀の声を聞き、それまでの解放（Manumission）の累積で、多くの Free Blacks が存在するようになると、Free Blacks が、コロニー内に不協和音を生じさせないで存在できる、その形への回答が、真剣に求められた。

ヴァージニア人の中からは、James Monroe（第5代大統領）や、John Randolph（ヴァージニアの初期有力政治家）のような人が出て、それらの自由人を、アフリカに送り返そうとする American Colonization Society を結成している。

彼らが、そのために用意したアフリカの地が、Liberia である。こうして、人工的に作られたその国に、約1万5000人の黒人が送られている（しかし、黒人らは必ずしも、アフリカに行くことを望まず、むしろ、この北米にいて、奴隷でないことは無論のこととして、自由人としても、白人と差別されない社会、境遇を希望していた）。

(b) ヴァージニアが、13コロニーの中で最大勢力を誇るコロニーであり、かつ最大数の奴隷を抱えていたことから、奴隷制の問題でも、色々と事件や話題が多い。このうち、奴隷法制の基本に係るのが、古くは1640年の事件である。

その年、2人の白人と1人の黒人、計3人の年季奉公人が逃げ出して捕まった。その結果、2人の白人は、頬に焼き鏝でRの字をつけられて、更に年季奉公の期間が延ばされたのに対し、黒人の方は、奴隷の身分、つまり死ぬまでの年季奉公を宣告されていた。

　そのヴァージニアが、コロニーであったはじめの頃は裁判所はなく、Governor の下で 7 人の Councilmen により、立法だけでなく、上記のような個別の法律問題も決定されていた。

　その 1 つが、イギリスの北米コロニーで初の「奴隷身分の宣明」として、歴史的意義を有する決定である。つまり、後述のマサチューセッツの Body of Liberties での定めより 1 年早く、奴隷制が事件の中で判示されていた。

　更に上記とは違って、身分法としての奴隷法の根拠となりうる 1 つの事件、今でいう民事に当たるものが、ヴァージニアでの 1645 年の事件で、そこでもやはり、「奴隷とは、無期限に奉公する身分の黒人を意味する」、とされている。

　そこでは、元は自らも年季奉公人としてこの天地、ヴァージニアに渡ってきた黒人で、今は奴隷主となっている Anthony Johnson に対して、別の黒人 John Casor が、「年季を過ぎても、自分を拘束している」、と訴えていた。

　実は、この話には Johnson の近所の知人、P 氏が加担していた。P 氏が Casor を唆して訴えを起こさせたのだ。Johnson がやむなく Casor を解放すると、Casor が P 氏との間で年季奉公契約を結んだことが判明した。

　そのため今度は、Johnson 氏が 2 人を訴えた。その結果下されたのが、Casor は、「Johnson の下で生涯にわたる奉公義務を、依然として負っている」、との「奴隷判決」である。

　多くのコロニーは、黒人自らが、奴隷主となることを禁じていなかったが、白人を、たとえ年季奉公人としてでも、使用することを禁じていた。

　(c) 奴隷解放はヴァージニアでも、1712 年まで法定されていなかった。その年に法定されたが、厳格な要式行為としてであり、これが、1800 年には更に厳格化され、Governor ないし、そのための委員会の承認を要件とした (その後 1820 年には、立法府によって承認されることのみが、その可能性を開くとされた)。その理由として、奴隷主 (Slaveholder) が、老齢や病弱の奴隷を解放したことで、町や村の負担となったことがある。

　広い意味での奴隷解放 (Manumission) の 1 つとして、奴隷が自らの自由を買い戻す (Purchase) 式のものがある。奴隷の中には木工、鍛冶屋など、職人

として自立できる力を利用して、この買戻しを行った。奴隷の主人は、まとまった金を入手し、それで別の奴隷を買うこともできる。奴隷主の中には、解放された奴隷の子供を奴隷として保有し続けるものもあった（生涯にわたり、または成人するまでの間）。他方で、自由人となった元奴隷が、反逆の火種となりうることも懸念していた。

(d) 奴隷というコンセプトと、そのための法律が、ゆっくりと成立していく歴史の中で、13 の Colonies が最も悩んだのが、混血児の扱い、その身分の問題であった。

しかし、やがて 1662 年のヴァージニアコロニーでの判例で、「コロニーで生まれた者は誰にせよ、その母の身分を獲得する」"Partus Sequitur Ventrem" との法諺が定立された。つまり、母が奴隷なら（仮に、白人の母でも）、父が誰であろうと、子供は皆、奴隷の身分にしかなれない。

これらは全て、17 世紀のイギリスの法律、つまりコモンローに従っている。イギリスは元来、父系主義を大事にしてきたが、黒人との間の問題では、立場を変えた。つまり、人種の問題はより重く大きい、という訳である。それにより、白人の父から混血の子の面倒を見る負担・面倒を取り除いた、とされる。

上記の判決の出る少し前の 1656 年には、そうした黒人の母とイギリス人の父との間から生まれた Elizabeth Grinstead が、「キリスト教の洗礼を受けた人であることを理由として」、自ら自由人だ、とする主張をして、認められていた。つまり、この 1662 年の Casor の事件で、先例変更があって、専ら「……母の身分を獲得する」という法理に変わったことになる。

18 世紀に入ると、他の南部の Colonies でも、前出のように、次第に奴隷法制が積み上がってくるとともに、それはあくまで黒人についてだけで、貧しい白人については、奴隷制を禁ずる動きも見られた。

たとえば 1733 年のジョージアコロニーは、元来が上記のように囚人らの入植地（Penal Colony）であったのだが、迫害された貧しいイギリス人のプロテスタントなども受け入れていた。そうした白人が多いために、1735 年に一旦、白人への奴隷制を禁じる立法をしている[8]（その時点では、他の 12 の Colonies

では、白人の奴隷制は合法であった)。

　ジョージアもカリブ海の島々に似て、ヨーロッパ人の来る前から、近隣の部族間で、征服した相手を、自らの部族の奴隷にすることが行われていた。いわば、土着の奴隷制度である。しかし、この Indian Slavery は 18 世紀、ジョージアに大規模な農場ができるようになると、その新興の Plantation Slavery の陰に隠れてしまう。

(ヘ)　奴隷制の本場、ジョージアと両カロライナ

　(a) アフリカ系黒人奴隷が、最初にある程度まとまって北米大陸に出現したのは、今のジョージアから両カロライナの沿岸であり、その年は、1526 年であろうとされている。スペインによる人植地 San Miguel de Gualdape の建設のために連れて来られたものである。

　その後のジョージアは、典型的な南部の Plantation の地となり、北米大陸での奴隷の地として、いわば本場となっていった。

　そんなジョージアであるが、上記のように13コロニーの中で唯一、短期間だが一時期、奴隷制を禁止していたことがある (1735〜1751 年の間、ジョージアの父祖ともいうべき James Oglethorpe によってである)。

　しかし、イギリス王国からの布告の力と、伝道師で Methodist の George Whitefield の肩入れにより、ジョージアは奴隷制を復活させている。

　この Whitefield とは、イギリスのプロテスタントの伝道師で、イギリスでもかなり人気があって、アメリカにも 3 回ほど伝道のために渡ってきた。その間、彼は奴隷制を支持する姿勢を鮮明にし、奴隷の法制化のためのキャンペーンをしていた (1748〜1750 年)。その基本は、「奴隷が働くから、農場はこれだけの利益を挙げ、コロニーが栄えていられる」、というもので、彼のやっている孤児院が継続できるのも、奴隷制のお陰だ、としていた。

　(b) 一方のカロライナであるが、当時の Carolina Grand Council では、アメリカで初めて 1669 年に奴隷制を認め、その後 1686 年からは、その人口増に比例して、次第に法律を増やしてきた。その中身は、イギリス領の

8　これには、すぐ南のスペイン領からの奴隷解放を理由とした侵入を予防したい意図もあったとされる。

Barbados 島での 1661 年の法律に沿っていた。

その後の 1691 年にもヴァージニアコロニーは、多人種間での結婚を禁じるなど、短い法律を出している。

当初は、その扱いは「半不動産」的な Freehold であった（Chattel〔動産〕ではなく、それよりも重い意味であった）。しかし、1696 年に法制を改め、黒人の地位を Chattel のレベルにまで引き下げた。これで、奴隷を売買することが可能となり、それとともに、奴隷による反抗などに対する刑罰も厳しくした。

上記で垣間見たように、黒人は、北のマサチューセッツにも多少はいたが、彼らの仕事は畑ではなく、家内での作業その他だった。そのように 13 コロニーの中でも、北部、中部、南部で、黒人らの分布、その人口当たりの比率のみならず、従事していた作業も、同一ではない。

革命戦争の直前の 1770 年を取ると、北部には人口の 2.7 ％しかいなかったのに対し、中部は 3 万 5000 人近く（6 ％）、そして南部では 35 万人弱、人口の 31 ％がいたというように、分布状況は分かれていた。

(c) その南部は、奴隷の身分の黒人の比率も高く、多くが農場で働いて、藍、米、タバコを作っていた（綿は 1793 年に Cotton Gin が発明されたことにより、1810 年頃からその耕作が爆発的に増えたものの、1790 年代半ばまでは、それほどではなかった）。

Planter と呼ばれるのは、20 人以上の奴隷を抱えて、それらの作物を作っている少数のエリート大地主のことで、それなりの経歴がある。これに対し、18 世紀に入ってから入植してきた新参の人などは、山地に近い方に行くしかなく、農作業も、家内でやりくりしていて、抱える奴隷の数は少なかった。

1776 年までを通して、アフリカからは全部で 1200 万人の黒人が西半球に運ばれてきたが、その 5 ％、60 万人が当時のイギリス領、アメリカの Colonies に連れて来られたことになる（大半は、カリブ海の島々と、ブラジルなどへ運ばれた）。

これらの黒人の平均寿命は、白人よりも更に短かったが、その中でも、アメリカへ入った黒人らの寿命は、他所へ振り向けられた黒人らに比べると、まだ長めで、かつ出産率も低くなかったから、1860 年の調査までに、彼らの

人口が、400万人にまで膨れ上がっていた訳である。

　カリブ海の島々などは黄熱病（Yellow Fever）やマラリア（Malaria）が流行っていて、それに黒人らの置かれた条件、栄養不足、劣悪な住居、過酷な労働……などが加わり、早死にする者が多かった。これに対し、当時の北米大陸に来た黒人らは、人口を伸ばせた。

　いずれにせよ、1860年の人口統計では、黒人が76万人いた1790年との対比で、580％アップの445万人（うち自由人は、その11％の48万人）となっている。

2.　コロニーごとの歴史と展開

（1）イギリス王国への反逆と、独自の奴隷法制の展開

（イ）革命戦争を遂行した連合議会

　（a）1776年7月4日だとされる、独立宣言（Declaration of Independence）のことは誰でも知っている。

　当時のヨーロッパの多くの国によって、これが受け入れられ、世界史上の大きなイベント、アメリカの独立が実現した。それに比べ、同じ頃（正確には1776年3月1日）に作られた連合憲章（Articles of Confederation）のことは余り知られていない。

　だが、この憲章には、アメリカ憲政史上で、独立宣言に勝るとも劣らぬ意味がある。一口でいうと、13の主権国家のクラブのように緩やかな集まりがあった。その13コロニーの集まりの憲章である。初めての基本法である。

　2年後にできた連邦憲法の直接の前身に当たる点で、「意義深い」というだけではない。その下で13植民州が曲がりなりにも1つになり、世界の最強国イギリスと8年間も戦い抜き、最終的に勝利できた。この基本法があった（その作成中も含めて）からこそである。

　この連合憲章が発議されたのは、独立宣言と同じ頃、つまりワシントンの率いる大陸軍（Continental Army）が、イギリス王の軍隊に対する、初の生死

を分けた Long Island 大会戦を始めて間もない頃である[9]。この困難な時期に植民州では、連合憲章の他にも今日の姿に結びつく重大な行為が、更になされていた。

その1つは、ほぼ同じ時期に混乱と試行錯誤の末に、多くの州で州憲法が作られたこと。もう1つが、いわゆる継受条文（Reception Provisions）が作られたことである。1776年5月以降ヴァージニアを含む11州が、それぞれの議会で制定している。

その要旨は、これまで各植民州で行われていたコモンローとイギリス王国議会による制定法は、そのままこの地の法律として継受されるが、独立した植民州の憲法の精神や、人権宣言に反するものは効力がないとした点である。つまり、独立した法治国家としてのスタートを整えたのである。

しかし、奴隷制がこの憲法の精神に反するとまでは、どのコロニーでも考えなかった[10]。

こうして13コロニーは、それまでに築き上げてきた奴隷法制をそっくりそのままに、各自が新生国家として登場する。

(b) その13コロニーの中で、ニューヨークほど、大陸軍にもイギリス軍にとっても、大きな利害のかかっていた戦場はなかった。アメリカの13植民州の中でも、人口も富もダントツに集積していた、最重要な商業港湾都市であった。

一方、イギリス軍から見ても、戦略的魅力が大きかった。町には、イギリス王に忠誠心のある商人らが大勢いて、歓迎されることが明らかであったし、抜群の海軍力を誇るイギリス軍にとっては、水に囲まれたこの町は、攻略しやすかった。

そこでワシントンは、それまで New England の Militia 中心で守っていた Boston を、信頼する Charles Lee 将軍の手に委ね、自らはニューヨークへ向け急行した[11]。

9　ニューヨークのイギリス軍は、これより先、1776年7月23日に、軍艦30隻と上陸用舟艇400隻で、Staten Island への上陸作戦を行っていた。
10　1776年で、全植民州の人口は約250万人、うち5分の1の50万人が、黒人奴隷であったという。

　そのニューヨークで1776年8月末には、いよいよロングアイランド大会戦
（Battle of Long Island）が戦われたが、経験を積んだHowe将軍が率いる正規軍
と、ドイツHessian傭兵軍とに前後左右から包囲された大陸軍は壊滅の淵に
追い込まれた。

　ワシントンは、残った部隊とともに折からの悪天候に助けられて辛うじて
East Riverを渡河、マンハッタン島を北へと逃れた。ワシントンを生け捕り
にすることができなかったイギリス軍は、9月15日にニューヨーク占領の作
戦目的は達成する。

　(c) 1776年8月27日からのLong Island大会戦の2か月前、戦争委員長
John Adamsと打合せのため、Philadelphiaの連合議会へ出掛けて行ったワ
シントンは、議会に対して、「最大の努力を払って、ニューヨークを守る」こ
とを約束するとともに、部下の将兵らには、アメリカ独立の大義を強調する
訓示をしている[12]。最早、自分の名誉にかけて最後まで戦うしかないと、覚
悟を固めていた。自身にも「大義を抱いた将兵であれば、たとえ、少数で訓
練不足なMilitiaであっても、イギリスの傭兵とは違う」と、言い聞かせてい
た。

（ロ）　トーマス・ペインと開かれた国際関係

　(a) 1775年はじめには、まだ混沌としていた連合議会。いやPhiladelphia
の町の空気も、はっきりした線は見えていなかった。それらを一挙に変える
出来事が1776年はじめに起きた。トーマス・ペインの『コモン・センス』が
アメリカで出版されたのである[13]。このイギリス人作家による王の権威の否
定が、植民州民らの目を開かせた[14]。

　独立宣言と連合憲章とが、ほぼ同じ時から作られ始めたのは、偶然ではな

11　この頃までにイギリスとの戦闘の指揮は、各ColonyのMilitiaから脱して大陸軍に、
　また政策決定権は、大陸軍に命令している連合議会の手中に、完全に移っていた（his-
　tory.army.milより）。

12　Ellis, Joseph Jr., *His Excellency: George Washington,* Knopf, 2004では "Our Glorious
　Cause" という題の訓示（p. 94）。

13　Thomas Paineはイギリス人だが、ジョージⅢ世を鋭く批判し、1月に出版されたその
　Common Senseは、この年アメリカでベストセラーになった。DickinsonのLetters from
　a Farmer in Pennsylvaniaが8年間に読まれた冊数より、1年でより多く読まれた
　（Ferling, John E., *A Leap in The Dark,* Oxford Univ. Press, 2003, p. 151）。

い。いずれも独立の父祖らが、ペインの言葉を受けて、独立のために必須と考えた文書（独立宣言、モデル条約、連合憲章）のうちの2つである。いわば、独立のための三種の神器であった[15]。前出の Paine は忠告していた[16]。

「ヨーロッパ世界の慣行として、独立宣言なしの単なる反乱の形だけでは、どの国からも相手にして貰えないし、（独立の支援や独立後の）イギリスとの和解交渉の仲介もして貰えない……」[17]。

（b）その間、1777年9月19日と10月7日に、いわゆるサラトガ会戦（Battle of Saratoga）が戦われた。カナダから南下してきて、まず Ticonderoga 砦を再奪取した John Burgoyne 将軍揮下のイギリス軍と Horatio Gates の率いる大陸軍とが二度にわたり会戦し、イギリス軍は Saratoga（現在の Schuylerville）へ敗退した（history.com より）。

このサラトガ会戦には、アメリカにとって単に一会戦に留まらない大きな意味があった。これが次に見るフランスとスペインによる同盟関係を引き寄せることになったからである[18]。

サラトガ会戦での快勝の他に、モデル条約を作成しておいたことが、勝利の鍵、フランスとの早期（1778年）の同盟条約、軍事条約につながったことは

14　彼よりも1世紀以上も前に London から Massachusetts へ渡った弁護士で宗教家 John Winthrop が訴えた神の国の建設（City Upon a Hill）の理想を念頭に、「ここでは、新世界を創ろうと思えばそれができる……こんなことはノアの方舟以来かつてなかったことで、新世界の誕生もすぐ間近だ」と書いている（We have it in our power to begin the world over again…hath not happened since the days of Noah until now. The birth of a new world's at a hand…）。

15　ここでの三種の神器とは、この3つ、それぞれの起草のため1776年に連合議会が立ち上げた3つの委員会と、それによる成果物を指す。

16　Thomas Paine's Common Sense 1776年は、一口にいって、今現に「人口と国力がドンドン膨張していて、今後も膨張する筈のこの大陸が、ちっぽけな島国で、旧弊で、規制だらけの母国を早晩追い抜いてしまうだろう……、そして、植民地なんかに留まっていられなくて、もっと自由な自らの国を建てるだろう」、これが常識だ、という本である。独立派の議員らの何人かは、無名だった Paine を焚きつけて過激なトーンの冊子を書くように進めていた（Ferling, p. 151）。

17　Paine の冊子が世に出る直前の1775年末に、大陸軍はカナダの Quebec 攻略に手痛い失敗を被っていた（ワシントンの Canada 攻略の進言に対し、Dickinson や James Wilson の反対などで議会の授権が遅れて、冬場にかかったことが一因とされている）。そこで、フランスなどの支援を求めたかったし、Paine もそのヒントを出していた（Ferling, p. 155）。

間違いない[19]。

　スペインも、フランスとの同盟関係により 1779 年にはこの戦争に加わり、オランダ（Dutch Republic）も 1780 年に参戦した。これによりイギリスは、新大陸での戦闘だけに注力している訳にはいかなくなった。

　フランス、スペインによる Portsmouth 攻略などに備え、国内の防備を固める他、外地では砂糖産業の重要性から Caribbean Sea の West Indies の防衛に半分以上の力を割く必要があった。

　(c) 戦いの火蓋が切られて 1 年後に新世界では Free Citizen の Privileges and Immunities を定め、恒久の連合（Perpetual Union）を志向する次記の連合憲章が作られるようになる[20]。ただ、そこに黒人らのことを顧みる、ましてや奴隷問題に取り組む余地はゼロであった。

　しかし Free Citizen の Privileges and Immunities などと定めた文書は、ヨーロッパはおろか、世界のどこにもまだ存在しなかった時代であるし、Free Citizen といったものも大方、観念上の存在でしかなかった。どちらを向いても国を治めているのは帝王らであった。

　独立宣言（1776 年 7 月 4 日）とほぼ同じ時から作られ始めた連合憲章（Articles of Confederation）。連合憲章の下では、各コロニー（Each State）が、「独立の主権国である」との条文とともに (2)、互いに Firm League of Friendship の結びつきに入り、共通の Defense と Security のために約束を交わす (3) としている。

　これより 4 か月前の 1776 年 3 月 2 日、第 2 回連合議会は母国の命令に反して、自らの全ての港を全ての他国（ヨーロッパ）に対し開港することを決議し、

18　両国ともパリでの接触を通して秘かにアメリカへの武器供与などを行ってきたが、サラトガ会戦での大陸軍は、それらの供与された軍服をまとい、テントに寝、武器を携行して戦っていた（Spain declares war on…〔schillerinstitute.org〕）。
19　第 2 回連合議会は、早くも 3 月 2 日にサイラス・ディーン（Silas Deane）を秘かにフランスに派遣している。加えて、第 14 番目の植民州として、カナダの一部も独立の動きに加わらないかと、ベンジャミン・フランクリンを頭とする使節をモントリールへ送っている（McCullough, David, *John Adams*, Simon & Schuster, 2001, p. 98）。
20　この頃（1776 年夏）になると、人々は、それまで自らを Colonies（その連合〔Confederation〕）と呼んでいたのを、"States" の連合と呼ぶようになる（history.army.mil より）。

それにより実質的に独立宣言をしたと同じ形になっていた。

(d) 独立宣言により母国に対し独立を宣言したのは、連合憲章がまだ成立してもいなかった時点である[21]。それなのに13植民州として、既に巨大な一歩を踏み出していた。

それも、1776年はじめの数か月間に生じた巨大な変化がもたらしたものであった。従来からLoyalistsが多く住んでいるSouth Carolina、North Carolina、Georgiaの3コロニーは、親イギリスの立場から、独立宣言にも、ましてや会戦することには、とても強い抵抗があった。それが3月4月になって、それぞれの連合議会への代表に対し、それまでの指令を変えて、イギリスからの独立に賛成票を投ずるよう命じてきたのだ。

5月にはVirginiaが同じような指示を出してきた。この5月中旬までに、その種の指示を連合議会への代表に対し出していなかったのは、ニューヨーク、ニュージャージー、メリーランド、ペンシルベニアの4つのみとなり、13州全体の行方には、今や母国からの独立を、この大陸民の運命と受け止める空気が流れ出した。

正式な連合前だったのに、その時点で13州が、事実上の合同行為に踏み切っていたことを示すものとして、前記のような法的に独立を意味する継受条文 (Reception Provisions) をそれぞれが可決していたことがある。最早、「独立は可能」というだけでなく、「必然」になったことを意味していた。

1774年から1775年にかけて、多くの植民州でCommittee of Safetyが設けられて、「陰の政府」(Shadow Government) として事実上の権力を握り、王の代理人などから権力を奪取していた（1760年代にあちこちで始まっていたSons of Libertyが母体となった例が多い）。

各County単位のMilitiaがその下につき、それぞれの代表を全体集会に送ることをした[22]。並行して1776年に、連合議会も、各州が、今までのイギリス王の配下としての統治人ではなく、新しい政府を作るよう勧めている。こ

---

21 連合議会が、イギリス軍に追われるまま、また時には軍人らによる反乱の恐れから、大陸軍とともに転々とその安住の地を移す間に、1枚の大きな紙に書かれた独立宣言のインクはにじみ、紙はほつれたため、補修して、現在はヘリウムガス容器に格納されている。

の段階では、人々は自らの運命を切り拓くことに無我夢中で、黒人のことは頭の片隅にもなかった。

(ハ) コロニーごとの独立

(a) こうした流れの中で、各植民州でも各自、政治的革命を経験していた。王の統治代理人 (Governor) 以下の役人を、革命派の人々に置き換える動きである。あちこちでそれが相次いだ[23]。たとえば、連合議会と同じ建物内にあった Pennsylvania 州議会では、(親イギリスの) John Dickinson 議員の地元ではあったが、次のような激動があった。

1776 年 5、6 月に州の憲法制定会議を開き、新憲法の下で一般恩赦を定めるとともに、新しい行政府を設けて、役人らの総入替えを行った (新しい Governor を、Georgia と同じように、President と呼んだ)。

1777 年になると、上陸してきたイギリス軍に領内を蹂躙されるが、イギリス軍の力の及ばないところへ避難して、臨時政府を作り、非常事態法を制定した。その下で (ⅰ) 反逆者を罰し[24]、(ⅱ) 軍需物資の徴用を可能にし、(ⅲ) 物価を統制するなどしている。

更に、連合議会 (Continental Congress) ができると、連合、および自州が発行した債券 (Bills of Credit) を法定通貨に指定している。

(b) Pennsylvania に限らず、独立宣言と相前後して、あちこちで州の新憲法が作られたことは、前記の通りである。だが、日々の社会生活がある。革命の混乱の中でも法があり (Ordinary Course of Justice が司られ)、通用しなければならない。

それがどんな法で、誰がそれを司れるのか。そこにいたのは、今までイギリス王の側について法を司っていた人たちであり、その法たるや、コモン

22　こうした Committee of Safety の創設でも、Massachusetts Bay がリードし、1774 年秋には John Hancock を議長とする会が立ち上がっていた (wikipedia)。

23　ニュージャージー (New Jersey) では、その年まで Governor でいた Benjamin Franklin の私生児とされる William Franklin が、同年に投獄された後、1782 年ロンドンに亡命した。

24　「反逆」(Treason) の意味を、イギリス王の側につく行為、などと再定義し、多くの人間を、その罪により私権剥奪の罰に付している (この時期、州の立法府が私権剥奪法〔Bill of Attainder〕を通した歴史がある) (Friedman, Lawrence M., *A History of American Law,* Third Ed., Simon & Schuster, 2005)。

ロー、つまり諸々のイギリス法でしかなかった。これらの人を取り替えるのには、一朝一夕では無理である。まして、新しい法律をすぐ用意することなどはできない。しかも、政治を含めた実際生活は、北から南まで、地域によって同じではなかった[25]。

そんな中で、19世紀はじめ頃のアメリカでは、ナポレオン法典が明晰さと安定性を備えた法典の見本とされ、一時は、かなりの影響力を発揮したこともある[26]。

(二) 連合憲章の紹介

(a) 以上のように、今日のアメリカの存在への第一歩を、しっかりと記した連合議会の存在。それを可能にした如上の法律文書が連合憲章であった。独立宣言とは違って、後のアメリカ合衆国憲法と同じような、一応の (13条の) 条文形式を取っている。

しかし、後のアメリカ合衆国が奴隷に言及しているのとの対比で (I.2(3)中の "All Other Persons" や I.9(1)中の "Such Persons")、連合憲章中には奴隷を意味する言葉は存在しない。また、連合としての統一体には弱い力しかなく、また後の連邦憲法の下でのような、Federal Supremacy のルールはなかった。

しかも、アメリカ合衆国憲法と同じように、「州が連合から離脱できる権利を留保する」、との文言 (後々、憲政史を通してその主張が南部から繰り返し出てくる、州の分離権 [Right to Secede] についての定め) はなかった[27]。またそれが、合衆国のような統一国家の基本文書として、十分に体をなしていないことも、その時点では問題にならなかった[28]。

25　New England 各州の Freemen の 90%は参政 (投票) 権があったが、中部から南部の州では白人の半分程度が、それを有しただけであった (Ferling, p. 26)。

26　Friedman は、例として、North Carolina で 1802年に、Robert Pothier の債務法が翻訳出版されたという (p. 66)。

27　分離権は、Jefferson などが理論として主張していて、単なる主張に留まらず、Kentucky 決議を出させたりしていた。後には、奴隷問題で後に退けない南部州が、この主張を掲げ、分離して南部連合 (Confederacy) を作り、南北戦争となっている。

28　尤も、一体性、統一性を保つための定めも存在した。各植民州の自由人ら (乞食、風来坊、犯罪逃亡者を除く) は、他のどの植民州でも同じ特権と免責 (Privileges and Immunities) を享受できることや、どの植民州の判決も、他州で全幅の信用 (Full Faith and Credit) が与えられることの定めである (Ⅳ)。なお、これらの言葉は、後の憲法に受け継がれている (Ⅳ.2(1))。

連合憲章最大の弱点となるのが、「連合」としての結びつきの弱さ、統制力の弱さであった。イギリス王国軍との8年にわたる戦闘を通して、ワシントンをはじめ、将軍らも、多くの政治家らも、国家の基本文書としてのこの欠陥故に、「弱い中央政府」に身につまされることになったのである。

　(b)　各コロニーが主権国家として構えていた中で、何といっても重要なことは、連合議会が一致して事に当たることである。結合を表す言葉は、"United States in Congress Assembled" や "Union" である。

　今となっては「当たり前」のように聞こえても、それぞれの成立史を異にするまま、百数十年間そうした結合がなかった各植民州が、当時こうした「連合」を表示する基本文書を作成したのは、画期的なことといえる。

　十分な統治機構は定められなかったが、この結合の性質（程度）についての基本ルールを、2、3述べている。

　（ⅰ）コロニー各自（今や Each State）が、自由・独立の主権者であること

　（ⅱ）それらが、相互の利益（防衛など）のため、<u>固い友好関係を結ぶ</u>こと（Enter Into a Firm League of Friendship…）。

　（ⅲ）その固い友好関係に資するよう、それぞれの市民がどこへ行こうと、（連合内では）自由に出入りし、商いをし、（市民的）特権を認められること（Ⅳ, 2(1)）。

　連合全体の統治（行政）機構として何かを合意して定めることができたか[29]。第1に、大統領的なものはなかった（肩書が何にせよ、特定の個人が、行政の長となって行政権を専有することは定めなかったし、第一、そういう考えを容れる余地は全くなかった）。

　これは分からないではない。そもそも、ジョージⅢ世王による植民州に対する専横振りに憤慨、反抗し、処刑されることを覚悟の上で、人々は革命戦争を始めた訳である。「大統領」、と呼び名が変わったところで、いつ専横化しないとも限らない、そうした「人に対する不信の念」は強かった。

――――――――――

29　各州の統治機構としての共和制（Republic）は当然の前提となっている。尤も、1776年当時、世界には共和国は一国も存在せず、人々の記憶にあるそれも、負のイメージの方が大きい Cromwell によるもののみで、しかも「弱体で短命」（Terribly Fragile… Short Lived）の事実があった（Ferling, p. 160）。

(c) 結合の結果としての統一体の意思決定として権威があるのは、単なる一時的な会議 (Conference, Convention) のそれとは異なる。"United States in Congress" としての意思決定である（国王と結びついたイギリス式の "Parliament" ではなく、"Congress" にしていた[30]）（Ⅱ、Ⅴなど）。

　連邦憲法とは異なり、議会を指すのに単なる "Congress" ではなく、"Congress Assembled" を用いている（Ⅱ、Ⅴ、Ⅵ、Ⅷ、Ⅸ、Ⅹ、Ⅻ、XⅢ）。その後も、こうした呼び名が使用されることがあったが、これは、まだ常置機関としての立法府をイメージするまでに至っていなかった時代での文章作りといえようか。

　その議会 (Congress) は、次注のようにして任命された各州の代表議員 (Delegates)（各州2~7名ずつ）が、11月の第1月曜日に集合して成立することになった (V, 1)。代表議員はいつでも変更可能で、かつ6年間を通して3年以上その任に当たることができず、かつ、連合の他の公職に就いて、何らかの報酬、利益を受けることができなかった (V, 2)。

　このCongressと、後の連邦憲法 (United States Constitution) の下での議会 (Congress) を比較することで理解できるのは、結合の度合（中央政府の強さの度合）には（殊に、時代が下るとともに）大差があったにしても[31]、連合憲章と憲法 (Constitution) との間には、多くの共通点があった、という点である[32]。殊に、上記の代表議員による議会の構成と、その任免などについての定めとの間の類似がある[33] (V)。

　それにしても注目されるのが、代表や議会に対する深い不信である。各植民州が、単独で（立法）してはいけない5項目が列挙されている (Ⅵ)。各植民州への全面禁止ではないが、制約的な定めがある。また、共同防衛（軍）に

30　Congress には、人々の代表が公式的に集まる (Formal Meeting of Representatives …) という意味があり、上記のような用語に落ち着いたものと思われる。
31　この原理でまとまるまでには、ヴァージニアやペンシルベニアのように歴史も古く、人、物（土地）、金全ての点で他州を圧倒する大州と、デラウェアのような面積、人口とも小さな州との対立抗争が繰り広げられたが、大州が譲る形で、各州1票の原則が確認された。
32　たとえば、連合全体に係る案件での決議では、各州1票の原則が確認されている (V, 4)。また、議会内の討議について、司法上無答責とされていて (V, 5)、それも後の憲法に引き継がれた (Ⅰ, 6(1))。

関する中央と植民州との相互共同管理（相互乗り入れ）、なども定めている（Ⅶ、Ⅷ）。これらの点でも憲章は、憲法に少なからず範を示したといえる[34]。

　(d) 意思決定のうち、イギリスとの和戦の問題や、フランスその他の諸国との間の貿易問題、更には、植民州間の争いなど、連合レベルでの大きな法律問題、生死の問題などは、植民州の単純多数では決められなくて、3分の2の多数、即ち9植民州の合意がなければできなかった（Ⅸ,6）。

　しかし、戦争遂行のプロセスでは、連合全体として重要な意思決定が必要になることが、日常余りにも多くありえた。そこで考えられたのが、議会の閉会中での（In The Recess of Congress）全体のための決定は、各植民州の代表議員1名ずつの13名からなる議会の委員会（A Committee of The States）、つまり取締役会のような合議体が行う。その委員会のみが、権限を行使できることにした（Ⅸ,5）。13名からなる委員会のうち1人を議長に互選するが、この委員1名についても深い不信の念は同じく示されていて、3年の代表議員任期中で1年を超えることができない（Ⅸ,5）。上述した各植民州平等の原理にするか否かに加え、連合全体のための意思決定での最大の問題は、連合全体の各州に対する権限の範囲と大きさであった[35]（連合議会と委員会の決定は、各植民州平等での多数決による）（Ⅹ）。

　全体としていえる3、4のポイントがあった。

　（ⅰ）憲章は、議会（United States Congress）に対する授権（つまり立法授権）において、連邦憲法に比較して更に一段と慎重で、用心深い。

　（ⅱ）連合の全体の共同利害に係る、戦争と平和、財政・金融問題など、重要な問題については、他の植民州全ての同意なしに、どの州も単独ではする

33　連合全体の事務処理のためには、各州の立法府の定める方法により年ごとに任命された代表が（for the most convenient management of the general interests of the United States, delegates shall be annually appointed in such manner as the legislature of each State shall direct…）11月の第1月曜日に集合すると定められている（Ⅴ,1）。

34　これらは、連邦憲法のそれぞれ、Ⅰ,2、Ⅰ,10、Ⅰ,8(12)〜(16)、Ⅰ,10(3)などに当たる。

35　具体的には、（ⅰ）連邦憲法にない言葉 "Each state retains its sovereignty, freedom and independence,…" と謳い、かつ（ⅱ）"…not…expressly delegated to the United States in Congress assembled." 「明示で授権された……」と、「明示」を入れていることがある（Ⅱ）。

ことができない。特に戦争については、「その州が敵によって実際に侵入さ
れたか、インディアンの部族による、『侵入する』との決議がなされたこと
を知らされたか……」で、更に一定の要件が具備しない限り、連合の全体
(The United States in Congress Assembled) の同意なしにはできない[36]（ここでも、
初期のイギリス王からの特許状〔Charter〕中に認められていたのと同じ、「防衛のための
戦争権」の考え方が受け継がれている）（Ⅵ, 5）。

（ⅲ）通貨価値の決定などについても同じく、連合の専権である（Ⅸ, 4など）。

連合（全体）としての戦争と平和、財政・金融など重要な問題については、
前記のように9州の同意がなければならず、かつ委員会に委ねることは許さ
れない（Ⅹ、但書）。その他の問題については、単純多数で可能である（Ⅸ, 6）。

(e) 第3の政府部門、統一した司法機関は作られなかった。各植民州には、
それぞれの土地の裁判制度が、150年近くの間、根を下ろしていた。一方、
人々の中央政府（連合議会）に対する猜疑心は、その司法機関に対して、特に
強かった。しかし、植民州と植民州とが争う紛争で、一体誰が裁きをつける
のか、という問題があった[37]。そこで、植民州間の争いだけは、とりあえず
連合議会の所管とし、その中に、イギリスの上院に倣った法廷を設けること
にし、それで対応した（Ⅸ, 2）。

連合憲章の正式批准がまとまらないまま、連合議会が、事実上どうにか機
能した4、5年の間、この法廷で実際に処理したのは、たったの1件である[38]。

以上の定めを通して明白なのは、連合の政治の中で黒人（奴隷）のことが
全く念頭に置かれていなかったことである。つまり人間扱いしていなかった

36　同上のその部分の定めは、"unless such State be actually invaded by enemies, or
　　shall have received certain advice of a resolution being formed by some nation of
　　Indians to invade such State, and the danger is so imminent as not to admit of a delay
　　till the United States in Congress assembled can be consulted" となっている。この規
　　定を見ても、イギリス王支配下の植民州でのインディアンに関する先行史実が、そのま
　　ま盛り込まれていることが分かる（注12など参照）。

37　植民州間の争いの種は、河川の水利権や航行権、土地の境界以外にも、両植民州に跨
　　がる問題で、管轄権がどちらにあるかなど、山積みしていた。権力集中に一切「ノー」
　　の父祖たちも、この問題を避けて通れなかった。

38　それも土地を巡る争いではなく、ペンシルベニアとコネチカット間でのSloop Active
　　号の分捕り（Prize）に係る海事（Admiralty）でのケースであった（Historic Roots of
　　The Judicial Branch〔enotes. com〕より）。

ことである。

（ホ）どのようにワークしたか

（a）このように、三権全てが明確に確立されないままの中央政府が、どのようにして諸問題を処理したのか。

まずお金の問題があった。この連合の一般的財政権で、中央に大蔵省のような役所が作られることはなかったが、大陸軍の戦費（中央政府の予算）と、一般福祉用の支出全ては、連合議会（Congress）の承認する予算によって賄った。

また収入は、土地価格に比例する各州分担金によって賄われるとしていた[39]（Ⅷ）。関連して、通貨とコインに係る規律も、連合の権限とされた（Ⅸ, 4）。

次に、兵力を如何にして確保するかがあった。軍艦の保有、戦闘への従事、共同防衛のための陸上兵力の動員なども、各州は限られた場合を除いて、連合議会の同意なしには行うことができない（Ⅵ, 4, 5）。

その他でも、後の連邦憲法に引き継がれたのと同じ規定を、いくつか定めていた[40]。いずれの州も、連合議会の承認を得ることなしには、外国とだけではなく、特定の他州とも、同盟を結んだりすることが許されなかった（Ⅵ, 1）[41]。

注目してよいのは、連合には、「他のどんな植民地も参加させない」と定める一方で、「もし、カナダが同意するなら、同盟（連合）加入を認める」、との一条だ（Ⅺ）。ただ、ここでカナダというのは、今のケベック州（Quebec）のことであった。終わりに、この連合憲章の変更は、全州一致でのみ可能としていた（ⅩⅢ）。

39　予算上の難問の第1は、大陸軍の維持であったが、疑いもなく連合全体で負担するしかないこの費用の分担でも、代表的な「総論賛成、各論反対」のパターンが展開され、それがワシントンはじめ、将軍らの不満、嘆きの種であった。

40　それらの規定としては、次が挙げられる。
（ⅰ）よく訓練されたミリシアとともに、一定の武器装備を保有すべきこと（Ⅵ, 4）。
（ⅱ）各州は、私略船の免許（Letters of Marque）を出せないこと（Ⅵ, 5）。
（ⅲ）大佐以下の（ミリシア）軍人の任命権が、各州議会にあること（Ⅶ）。

41　他に、連合の信用による全ての借入れと債務は、連合によって負担され、支払われるべきことも定めていた（ⅩⅡ）。

（b）連合憲章が連合議会に提出された 1776 年から翌年にかけて、連合議会の座が置かれていたフィラデルフィアは、イギリス軍の手に陥落した（その間、大陸軍の将兵は白人兵のみで、その数は数千人を超えられなかった）。

　独立宣言と同じ 7 月に、この連合憲章の案文が、議員の手元に配られていたが、よくいう人は少なかった。何よりも、強い権力（中央集権）に対する一般人や議員らの嫌悪には抜き難いものがあった。討議・検討で妥協が成立し、案文が確定したのは、翌年秋の会期中の 11 月 15 日になってであった。

　ここでの視点から重要なのは、各州に主権があるとする一方で、Dred Scott 判決に見る通り、連合（Confederation）は、「国家（Nation）でも、政府（Government）でもない」、との理解がまかり通っていたことである[42]。

　判決は、その前に、憲法のⅣ，2(1) でいう "Citizens" と、前文でいう "People of The United State" とは同義語であって、共和制の我が政体の下での「主権者たる人民」（Sovereign People）のことである、と述べた上で、奴隷については、"We think they are not, and …not included, and were not intended to be included, under the word 'citizens' in the Constitution…" といっている（p. 405）。

　連合憲章は、先述の通り、「各州がしっかりとした友好同盟（Firm League of Friendship）を結び、共同で防衛、安全保障、共通の福祉……などに当たる」とだけ定めていた（Ⅱ、Ⅲ）。反対に、「いずれの州も、連合の合意のある場合の他は、他の王国その他の外国と（…With Any King, Prince or State…）何らかの合意、同盟、その他の条約を結ぶことはできない……」とも定めていた（Ⅵ，(1)）[43]。

　このような史実の上で、新憲法の下での連邦政治機構が形成された後でも、具体的な案件を巡って、州と連邦の間で「どちらにその主権があるのか」、がしばしば争われた。

42　Dred Scott v. Sandford, 60 U.S. 393（1899）では、テリトリ（Territory）内での奴隷の所有を禁じた連合による北西条例（Northwest Ordinance）を違憲・無効（Void）だとしていた（at 435）。

43　これは、各州主権による中央主権に対する制限というより、仲間うちでの拘束といえ、背後にあるのは、中央や各州で勝手な約束をされることに対する他州の猜疑心であろう。

46

司法審査の中でも、州と連邦のどちらに、どの程度（どの部分の）、主権が帰属するかの争いが繰り返された（お金の問題は、一見すると、主権とは縁が遠そうであるが、その問題でも議論は、根本〔州と連邦との間の主権という問題〕へと遡って行った）。

ただし、一旦、この連合憲章により連合議会に提出され、決定された事柄については、各州はそれに従うことと、連合憲章を守り犯さないこと、この連合が永続するものであること、の3つは謳っていた（ⅩⅢ）。

そんな中で、南部のコロニーの中には、統一体としての連合の意思に沿わない行動をするものがあった。何しろ、彼らには奴隷という膨大な、しかも、いわば無原価の資産があった。そのため各州の内政では、一握りの大農場主らがSlave Powerを意識して専横政治を行い、汚職も蔓延っていた。

(c)　主権の問題が特に意識されるのが、条約などの対外関係である。連合憲章の下での連合として最初の条約が1778年、Delaware族インディアンとの間で結ばれた。

従前からインディアン政策に手馴れているイギリスとの、生死をかけての戦いの最中でのインディアンとの条約であるから、連合としても、気を遣ったのであろう。John Marshallはこの条約が、「対等な立場で節度ある交渉により結ばれた……」としている[44]。

イギリスを含むヨーロッパ諸国（フランスとスペイン）は、インディアンとの間の土地を巡る法律関係の調整をずっと条約の形で処理してきたことから、13植民州による連合も、その先例を踏んでいる。即ち、革命戦争中の連合議会（Congress）は、イギリスと同盟関係にある対インディアン政策として前注のような条約を結ぶとともに、そのための決議も行っている[45]。また革命戦争後は、イギリスとインディアンとの間の条約を承継したとしていた。

44　この条約は、連合憲章が未だ批准・成立していない中で締結されているが、連合としては、Cherokee族と同盟条約を結んでいるイギリスとの対立上、その成立の必要性が強く感じられていた。その第6条では、「合衆国の敵は、事あるごとに合衆国がインディアンを滅亡させようとしているとの悪質なデマを流し続けているが、それが嘘であることを明確にし、Delaware族の子々孫々までの繁栄を念じていること……領土の保全を誓っていることを明確にするため……」、などと謳っている。

アメリカの対インディアン政策は、大きく分けて3つの段階を経ていると思われる。

　第1が、上記の革命戦争中とその前後の時代で、いわば低姿勢で専ら融和を求めた。1778年Delaware族との条約がその代表である。

　第2に、これに対し革命戦争後は、それほどの低姿勢を要しなくなった。その後、20弱の条約が結ばれているが、その最初のHopewell条約（1785）では、彼らが今までイギリス王国に対し払っていた尊敬の念と父親代わりの人に対するような従属依存の気持ちを、合衆国に対し払うことを求めている[46]。

　第3は、連邦が発足してからの時代で、一言でいって、彼らの法的地位は低下の一途であった。殊に、第1代大統領ワシントンの時代は、ワシントン自らが、インディアンの族長らとともに戦ったこともあり、ある程度共感もあったが、Cherokeeとの大会戦で彼らを破ったAndrew Jackson大統領の時代になると、合衆国による条約を無視した形の処遇が行われ続けた挙げ句、一方的な連邦法により、インディアンの東部アメリカからの立退き措置を取るようになる。

(2) 革命戦争前夜までの13コロニーの状況

　(a) 奴隷の世界、それは牛馬にも等しい[47]。いや、人間としての知性があるだけに、牛馬に比べ、主観的には遥かに残忍であり、客観的にも惨め、かつ苛酷な世界である。

　こうした世界に、いわば放り込まれた黒人らは、どんな気持ちを抱いてい

45　この辺りの事情を連合の議事録から読み取ったJohn Marshallも、Samuel Worcester v. Georgia, 31 U.S. 515（1832）の判決中で、「インディアンとの良好関係の維持が強く求められていることを示していて（…early journals of Congress exhibit the most anxious desire to conciliate the Indian nations…）、革命戦争の各局ごとにインディアン担当官を設けた……」と述べている。

46　前注判決中のJohn Marshallの言葉では、"…to impress on the Cherokees the same respect for congress which was…for the King of Great Britain."となっている。土地を巡る法律関係の調整に関しても、Hopewell条約になると、"Hunting Ground"を"Allotted"したことにより合衆国との境界としたことが、一方的になっている。立ち会った族長らは一応理解していたとしても、Cherokeeなどインディアンの族長らがほとんど英語を理解していなかったことから、どこまで意図が正しく伝わっていたか不明としている。

たであろうか。白人らの顔色を窺い、白人らの命ずるままに、ただ働き、生きていたのであろうか。とんでもない。1619〜1865 年の北米だけでも有名なストノの乱など、大小合わせると 250 回以上もの暴動、反逆事件が起きている[48]。

　こうした歴史を経て、上記の South Carolina 地方（イギリス王国の Province）の 1740 年法は、黒人の集会を禁じ、集会することを防ぐため、その地方のミリシアが定期的に巡回することの一方で、余りに手ひどく奴隷を扱った主人に対しては、「罰金を課すこと」、などを定めていた。

　更に黒人らは、自ら食べるための作物を育てることも、読み書きを習うこともできないこと、が定められた。

　そうした条件下に置かれた黒人らがしたことは、一言にしていうと、サボタージュであった（正面から戦って勝ち目がないとなると、大抵の人がするように、である）。

　現地では、これを奴隷による「日々の抵抗」（Day-To-Day Resistance）、「小さな反逆行為」（Small Acts of Rebellion）などと呼んでいる。それには、（道具などの）物を壊したり、火をつけたりすることが含まれる。いわゆる「仮病」も、日々の抵抗に含まれる（主人は無論、その持てる財産が増殖することを希望するから、同じ抵抗でも「妊娠」の可能性がある女奴隷によるそれの方が、より訴える力があった[49]）。

　こうした女奴隷を、主人は自らの性欲の対象とする一方、他の男奴隷との性行為も半ば推奨して、奴隷資産を自家増殖させようとした。

47　一例として、South Carolina 地方での 1740 年の Slave Law、通称 Negro Act がある（正式名は An Act for the Better Ordering and Governing of Negroes and Other Slaves in This Province）。それまでは 1712 年法があったが、ストノの乱（Stono Rebellion, 1739）を受けて作られた同法では、「奴隷と、その母系子孫を、絶対的奴隷（Absolute Slaves）とし、その所有者（Owners）によって動産（Chattels Personal）として所有され、所持され（…be…held, taken…）」と定められた（afroamhistory.about.com）。

48　この点を扱う本も多いが、その 1 つとして、Herbert Aptheker, *American Negro Slave Revolts,* 1943 があり、Stono Rebellion 以外の大きな事件として、Gabriel Prosser Slave Revolts（1800）、Vesey's Rebellion（1822）、Nat Turner's Rebellion（1831）、などを挙げている（afroamhistory.about.com）。

49　これについて、女奴隷は、（時には避妊器具も使って）色々な方法で避妊をしていた可能性があるとする学者 Deborah G. White がいる（afroamhistory.about.com）。

（b）町を歩く自由な黒人にとっての恐怖は、（何らかの犯罪行為に擬せられ、その結果として加えられる）刑罰だけではなかった。いつ、如何なる白人が目の前に現れ、「お前は、俺の奴隷だった！」などと、大声でわめかないとも限らないことである。

そうなると、法律により、奴隷でないことの（自由な黒人であることの）証明の負担は、黒人自らが負うことになる。そうでなくても、町を歩く黒人は、当局（Sheriff）から「逃亡奴隷ではないか」との疑いをかけられ、留置場に入れられてしまう恐れがあった[50]。

こうした奴隷が一番多くいた場所、それが南部の農場（Plantation）であることは記した。同じく述べてきたように、白人の農夫でも、全く奴隷を有しない一家も多い。20人以上の奴隷持ちの人が、"Planter" として、ある重みをもって語られるが、5人以上の奴隷を抱えた一家は、必ずしも多くなかった。

1860年では、南部中心に4万6200の農場が存在した中で、100人以上の奴隷を抱えていた家は2300で、2万700の農場が、20〜30の奴隷を抱えている状態だった。しかも大農場の多くは、主人はそこには住んでおらず（いわゆるAbsentee-Landowners）、その住いは別のところに構えていた。

こうした農場のレイアウトも効率第一に作られていて、多くの構造物は作物の取入れ、保存、加工などのためのものであった。その他に、家畜用の設備などがあった。

それらは全て原則として、その農民一家が自ら建てることが多い。木材は、自らの山から切り出し、レンガなども近くの土で焼いたものが多かった。こうした農場の増築物の多くは、自然の消耗などにより、今日、その姿を留めているのは少ない、とされている。

農場の価値の大半は、土地と奴隷からなる。無論、ジョージ・ワシントンの Mt. Vernon やトーマス・ジェファーソンのいた Monti Cello などは、財団

50　黒人を捕まえると、当局は、新聞紙上で持ち主がいないか、まず広告を出す。所有権を主張する白人が現れると、当局に手数料を払って、黒人を連れ出せる。その際 Sheriff が、所有権を示す何らかの証明を求める訳でもない。

として保存されているが、かつての農場だった南部全体が、今や工業都市とその周辺部に変貌したことで、元のままの状態を保っている農場の例は多くない。

いずれにせよ、豪奢な Plantation House 造りは、南北戦争後は見られなくなっている。中でも、そこに奴隷用の小屋に当たる Slave Housing のついたものは、全く姿を消している。

大きな農場では、この Slave Housing が、母屋から別の通りに面してグループを形作って建っていたが、時には農場の周りの畑の縁に建っている例もある。いずれの Slave Cabins も、作りは最も簡単で、それこそ睡眠用の小屋といってもよいものであった。

統治しやすくするため、奴隷の間にも上下の階層を設けることが行われており、同じ奴隷でも、畑の働き手 Field Hand とは違う、家内の奴隷や技術職の奴隷 House Slave のためには、よりよい家が提供されていた。もう1つの建物が、Overseer と呼ばれた監督の家である。Slave Cabins から遠くないところに建っている。

Overseer は、農場の成績の鍵を握る人間で、そこでの収穫を決め、奴隷に対する賞罰権を持っていたと同時に、その健康管理にも責任があった。収穫物の収納庫の鍵を持ち、その管理にも当たっていた。

Overseer は、たとえ自らが南部の白人であっても、Planter やその一家と自由に交わるということはしない。社会階層が違うのである（白人の Overseer は全体の30％くらいで、あとは、奴隷の中の信頼されている者や、Free Black が充てられたこともあった）。

（3）マサチューセッツなどのニューイングランドでは

（イ）先行したマサチューセッツコロニー

（a）1641年、マサチューセッツコロニーは、初期の憲法に近いもの、Body of Liberties を定めており、その中で、人が奴隷になる3つの場合のことを定めていた。外敵を捕虜にした場合、自らの自由を売った場合、またはそのような刑に処せられた場合、のいずれかである。

その100条ほどの定めの中の第4条（§85〜88）が、召使の自由（Liberties of Servants）となっていた[51]。

マサチューセッツは、その後、18世紀に入ってから、奴隷が守るべきことなどを法制として、結構細かいところまで定めていた（その違反は、大抵「鞭打ち」、と決まっていた）。

ボストン、マサチューセッツに入植した当時の人々のピューリタン精神からすると、今日の常識に反するような、もう1つの意外な史実があった。それも、れっきとした史実（マサチューセッツ州が、アメリカの最初の奴隷州〔コロニー〕であったという歴史）、黒人に関する史実である。

ニューヨーク港に初めて黒人が（港揚げ？）輸入されたのが、ヴァージニアより10年ほど後の「1626年」との記録があるのに対し、奴隷がMassachusetts Bayに来た日時は、Massachusetts Bay Companyが共同体として成立した「1629年よりは早く……」、という風にいわれている[52]。

(b) マサチューセッツにおける早い時代の奴隷史にはまた、他にはない副題（サイド・ストーリー）がつく。黒人が、白人と一緒になって地元のインディアンPequot族に対し戦って、最後にこれに大勝した事実である（1637年）。それだけではない。捕虜となったそのPepuot族の男女の一部（女・子供など）を、奴隷化した事実もあった[53]。

前注による（危険過ぎる）「男のインディアンと、西インド諸島に既にいる黒人奴隷との交換」は、その後も、ニューイングランド人らが好んで行った奴隷（労働力）確保の方法だった[54]。

話は、これ（時期の早さ）だけではなかった。実は奴隷貿易（輸入）でも、はじめはマサチューセッツが、13コロニーの中で「ほとんど一手に手掛けていた」、という事実がある。17世紀という早い時期で、しかもマサチューセッ

---

51 召使の自由の中では、その眼や歯をくり抜かれたり、その他で不具にさせられた者は、自由の身となり、更にCourtが認める弁償を受ける（…goe free from his service. And shall have…recompense…）と定める（87）。

52 しかし、1624年には、Samuel Maverickが奴隷をMassachusettsで保有していたという（Slavery in Massachusetts, slavenorth.com）。

53 ただし、男のPequot族は危険なので、後記の帆船Desire号に乗せてカリブ海に持って行き、そこで、アフリカから運び込まれて既に奴隷化されている黒人と交換してきた。

ツ州へばかりか、ニューイングランド全州への輸入を行っていたというのである。

　1644 年という早くに、ボストンの商人らは（中国、広東省との貿易に手をつけていただけでなくて）、西アフリカから、大西洋を越えて西インド諸島へと、奴隷貿易にも従事していた。

　(c) 黒人というと、南部での奴隷農場（Plantation）と考えがちであるが、当初はそうではない。奴隷の使役で、13 の Colonies の先頭を切っていたのは、マサチューセッツコロニーである。そこで黒人らは、様々な仕事に携わっていた（農場ではない）。

　他のニューイングランド州でも同じであったが、マサチューセッツでの奴隷持ちは、やはり「金持ち」、と呼ばれる人々であった。その１人として、1645 年に Ireland から来た Cornelius Waldo の名が挙がっている。

　彼は、Boston に７つの部落（Huts）しかなかった頃の、最も初期のボストン市民で、初期の代表的なピューリタン開拓者として、地元で名をなしていた。

　彼らピューリタンは、信条としては間違いなく、新教を信仰していたが、その信仰と奴隷保有とは、矛盾なく両立できていたとされる。神の世界秩序の中では、黒人は、白人に仕えるべく定められているという世界観である。

（ロ）法　制　化

　(a) そもそも、1780 年にマサチューセッツコロニーの憲法が作られた時にも、それ以前の歴史を引き継ぐ形で奴隷制が存在していたし、当時の法制の下でも、それが社会の秩序となっていた（つまり、1641 年法で合法化されたものが継承されていた）[55]。

　正確な日付は残っていないが、Maverick が Winthrop より少し早い時期の

54　Massachusetts Bay Company のリーダーだった John Winthrop の義弟 Emanuel Downing も、1645 年に、Winthrop 宛ての手紙で書いている。「……Pequot 族ともっと戦って（"Juste Warre" といっている）、（それとの交換で）Barbados の黒人奴隷を、もっと多く入手できないか……さもなければ、この大自然を前にして我々だけの力では、とてもとても……」(Slavery in Massachusetts, slavenorth.com)。
55　しかし 1780 年憲法は、他方で、後の連邦憲法と同じような、「全ての天賦の権利と平等」を謳っていた。

入植者として、1624年に2人の奴隷を伴ってボストンに到着したという記録がある。またアフリカから、黒人が直にマサチューセッツコロニーに連れて来られたのは、1634年だとされる。

その4年後の1638年12月、カリブ海のBarbadosから奴隷船"Desire"がボストンに来て、その奴隷と交換にマサチューセッツコロニーで使役されていたPequot族（インディアン）を引き取って行ったという（マサチューセッツコロニーの記録がある）。

(b) マサチューセッツコロニーの基本法、Body of Liberties（1641年12月10日）の作成に関わっていたとされるWinthrop自身も、奴隷を使役していた。

そのBody of Libertiesには、奴隷に係る定めは僅か3条しかなかったが、マサチューセッツコロニーの場合も、ヴァージニアコロニーの場合と同じく、その後、奴隷の結婚を律する法律とか、戒厳令のこととか、または輸入税の定めとか、多くの個別の立法により、次第に奴隷法の全体像が形成されていった。

また、その後の奴隷の輸入は、カリブ海経由というよりは、大西洋を挟んで、アフリカと直接行う。そして、カリブ海の島々に奴隷を売る、ということを行っていた。いわゆる「三角貿易」（Triangle Trade）の形である。

ボストンには今、名所の1つとして、日本人も多くが立ち寄るFaneuil Hallが残る。かつての奴隷商人Peter Faneuilが建てた。更に、ハーバード大学のロースクールは、Plantation経済により大金持ちになったIsaac Royall, Jr.の寄付によって建てられているという具合に、つながっている。

彼ら黒人は、1630年代からアフリカからマサチューセッツに直接、到着していて、18世紀中頃には、コロニーの人口の2.2％を占めるまでになっていた（アメリカ全体では、1750年に23万6000人余りであった黒人の人口は、南北戦争の始まる1860年には、440万人〔うち自由人が50万人弱〕になっている）。

(c) これらマサチューセッツコロニー法の下での奴隷は、他のコロニー法の下でのそれとほぼ同じで、一方で、「物」（Property）であると同時に、Masterに対する関係では「人」（Person）と認識されていて、それ故に

Master に対しても、暴行などを理由とする訴訟を起こせた[56]（連邦憲法の下の奴隷は、法的主体とは異なり、観念的には物の域を超えない）。

　とはいえ、当の黒人らに、全く何の主張もなかった訳ではない。たとえば 1773 年に、何人かの奴隷が一団となって自分たちの奴隷の身分を改めるよう、その時のマサチューセッツコロニーの General Court（立法と司法とを司っていた）に申し立てている。

　それら黒人奴隷らが訴え出ていたのが、天賦の人権を謳った上述の 1780 年のマサチューセッツコロニーの憲法中の条文の下であったことは、注目してよい。後の第 2 代大統領 John Adams などが作成したとされる、あのマサチューセッツコロニーの憲法である。

　しかし、それらの訴え（Brom and Bett v. Ashley や、Jennison v. Caldwell など、いずれも 1781 年であるが）は、正式な記録は残っていないが、陪審員らが、「それらの身分は、上記のマサチューセッツコロニーの憲法の定めに反する」、と原告勝訴を評決していたことは注目してよい。

　こうしたマサチューセッツの奴隷制が、いつ正式に廃止されたか、その年次は特定されていない。確かに他方で、奴隷制反対の世論も早くから強かったが、1780 年代に入っても、それが終わったという記録はない。

　新生国家アメリカ合衆国誕生の間際の 1787 年 7 月 13 日、まだ連合の形の 13 コロニーの議会は、2 つの政令（Ordinance）を出している。その第 1 が、コロニーの土地の区分などの規制に係る Land Ordinance of 1784 である。オハイオ河の北西地区の内陸の広大な土地につき、開発するための基本的・技術的手法を定めていた。

　もう 1 つが Northwest Ordinance of 1787 で、こちらは技術的というより、合衆国としての初めてテリトリ（Northwest Territory）を主題にしつつ、その合衆国による法的基礎を定めた、いわば実質的に憲法的な立法、それも合衆国になる直前の、連合時代の連合議会（Confederation Congress）による定立である。

56　ただし、奴隷が起こせたのは、Master による暴行などの特定の違反行為を理由とするものでなければならず、単なる自然権の侵害などでは受けつけられなかった。

そこでいう北西地方（Northwest Territory）とは、西はこの大陸のイギリスが領有する部分、東はアパラチア山脈、北は五大湖、そして、南がオハイオ河で区切られる。

　この将来、オハイオ、イリノイ、インディアナ、ミシガン、ウィスコンシンの5州に切り分けられる土地を当面の問題としつつ、その後の新州が、合衆国に編成される場合のルールまでを定めていた。その意味で、遠大な構想をベースにしていた。

　こうした構想が生じえたのも、アメリカがイギリスとの戦いに勝利して、パリ条約（1783年）を結べていたからである。

　その北西地方には、まだ問題が山積していた。アメリカ人らが勝手に入植する、地元のインディアンが敵対的、イギリス軍がかつての砦を放棄しない、などである。

　しかし、この北西地方に係る Ordinance により、やがて2年後の1789年に連邦となる連合（United States in Congress Assembled）が、その主権を示す範を垂れられた、その点で、建国上の大きな意義があった。それまでのコロニーの法律上で明確ではなかった土地所有権というものに対し、これを全て連邦の所有と定め（それまでは個々のコロニー〔州〕の所有と考えられていた）、その個々の区分に、近代的な絶対的所有権のコンセプトを確立したことが第1。

　第2に、町の区画、土地整理、道路区分などの基本も定めたことである（これにより連合は、後の連邦の土地となる不動産を分割譲渡し、財政収入を得られた）。

　これにより13コロニーたちは、どのコロニーも、今の土地を更に広げて「州境だ」と言い張ることはできず、代わって新しい州の誕生、連邦への加入の問題として処理されるルールが確立した。

　その中で、ここでのテーマとの絡みで大きいのが、この条約の Art. 6 である。上記のテリトリ内で、奴隷を「一切許さない」、とした奴隷禁止条文である。

　こうした奴隷禁止条文を含んでいたのにもかかわらず、南部州がこれに反対しなかったのには、理由がある。南部州が利益を挙げているタバコの、北西地方での生産を、それだけ減少させられると考えたからである。

（4）ヴァージニアと、その他の南部コロニー

（イ）南部の中心

（a）ヴァージニアは、13 コロニーの中心となる雄である。人口も飛び抜けて多かったし、著名人も多かった。同時に、奴隷大国である（13 コロニーの全奴隷の半数が、そこに住んでいたという）。

13 コロニーの中で、最初に黒人奴隷が到着したのもヴァージニアだった。西に奥が深いヴァージニアは、大西洋に面している沿岸部には大農場が多く、黒人奴隷も多く住んでいる（白人の Slaveowners よりずっと数が多い）。

この「最初に黒人奴隷が到着した」は、奴隷史上でも大きな意義を有するから、もう少し見てみよう。

アメリカの浅南部で温暖な気候のヴァージニア。大西洋に面し Chesapeake 湾を抱え、綿の耕作には最適な地である。その湾口から近い James 河の北岸にあるのが、1607 年にイギリス人が北米で初めて定住を始めたジェームズタウンである。

それから 12 年後、1619 年に、早くも今度はアフリカ人らが、ジェームズタウンからそれほど遠くない Old Point Comfort の砦に連れて来られた。当時のイギリスのエリザベス女王の下での私略船 Privateer、White Lion 号に乗せられて来た。

しかも彼らは、元はポルトガル船 Sao Joao Baptista に載せられて、アフリカの Angola からこの西半球に来ていた。

これが白人も黒人も、多くの人にとって、北米大陸での互いの間の初めての本格的な「出会い」であった。無論、その半世紀後に「奴隷と主人（Master）」の関係が確立されてしまうことは、誰 1 人として予見していなかったろう。

（b）白人と黒人奴隷との関係を定めるヴァージニアでの法律は、ニューヨークのそれと比べると、段違いに奴隷の不利になっている。ニューヨークの奴隷は、まだ「人間」に近い扱いを予定していたが、ヴァージニアに行くと、もう「動物」並みか、場合によっては、それ以下である（「物」である）。

ヴァージニアは、米などの穀物の他、タバコ、砂糖キビなどの生育にもってこいの土地であった。イギリス王室と政府も、そこに目をつけてイギリス人らの入植を推進していた。

　若い働き盛りの男を送り込むために、年季明けに褒賞を与える年季奉公制度（Indentured Servitude）が広く利用された。それでも、若い働き盛りの男を十分に集めるのは難しかった。

　何しろそこには、開墾を要する「ほぼ無尽の広野」が広がっていた。その中の様々な野生動物と共生するに近い生活である。

　一方で、年季奉公は7年間辛抱して働かねばならず、年季明けで貰うHeadrightの50エーカーは、決して耕してすぐ作物が採れるような土地とは限らなかった（むしろ、そういう土地は、どんどん少なくなっていた）。

　ここヴァージニアでは、1676年にいわゆるBacon's Rebellionが起きたことによって示されるように、白人の若手の間で労働契約（年季奉公制度）に対する不満が表面化してきていた。

　そこで農場主らは、年季奉公人の代わりに、この新しい労働力、黒人を買う方を選んだ。ただ、黒人奴隷として買うには、年季奉公契約をするよりも、かなり高いコストがかかったので、はじめの1660年、1670年代にそれができたのは、余裕のある農場主だけだった。より小規模な農場主も奴隷を求めるようになったのは1700年から後である。

　耕作地が拡大する一方、年季奉公者の数が先細りしてゆく中で、ヴァージニアの農場主（Planters）らが目をつけたのが、黒人らであった。それも、18世紀半ば頃までは、カリブ海の島々から、いわば輸入していたが、18世紀後半にかけては、彼ら黒人をアフリカから直接大量に導入するルートが築かれるようになっていた。それに見合って、輸入ルートに近い国内の港、フィラデルフィア、リッチモンド、チャールストン、そしてニューオリンズには、大きな奴隷市場ができてきた。

　（c）さて、ヴァージニアやメリーランドのChesapeake平野で、最も広がっていたのはタバコ畑であり、母国イギリス向けであった。政治的に本国と密接につながっていたヴァージニアであるが、その意味で、経済的にも不

可分の関係に結ばれるようになっていた。

　他でも述べたが、タバコの耕作は多大な労力を要した。色々手間がかかる分、奴隷にとっては、多少気がまぎれる面はある。

　農場奴隷の仕事は農場だけではない。主人一家の菜園から家畜の世話まで、全て面倒を見なければならない。

　ニューヨークなどの町中で働く奴隷とは違って、農場奴隷は、一家がバラバラにされず、家族としてまとまって生活できる例が多い。その点は取り柄であるが、労働は厳しい。収穫期には1日18時間労働がルールである（日の出とともに起床、日没までの労働である）。日曜日だけは労働なしの安息日とされる農場が大半である。

　しかし、主人の気まぐれで、いつ売り飛ばされるか、それもどこの誰に引き取られるか、全くの「運」である点が、大きなハンディキャップであった。

　当時は白人も含め、今よりずっと死亡率も高く、平均寿命も短かったが、中でも、黒人奴隷のそれは短かった。

　そんな中で、農場主らは、黒人女に向かっては、「産めよ増やせよ」式の方針を強く出していた（たとえば女奴隷に「15人産んだら、自由の身にしてやる！」、などの約束である）。

　ヴァージニアやメリーランドのChesapeake平野にいる黒人奴隷らは、そのいる農場が違っても、長い間にすっかり互いによく知り合っていたから、彼らの間に横の連絡の強いきずなができていた。有用な情報のネットワークである。それにより農場主への一致した抵抗も、多少はやっている。

（ロ）人種的奴隷観

（a） 17世紀後半の半世紀以上の期間を通して、黒人奴隷制（黒人＝奴隷という、つまり人種的奴隷〔Racial Slavery〕）の観念が、すっかり形成された。場所は、ヴァージニアコロニーの沿岸地方、大農場の本場である。この観念・制度が1700年代、つまり18世紀に入ると、そのヴァージニアから南部の農場地帯一体に、浸透していくのである。

　丁度その1720年代頃から、アフリカから直接の形で、北米に大量の黒人が連れて来られた（その数は、19世紀はじめまでに43万人ともいわれる。加えて、それ

ら奴隷は出生率が高く、18世紀を通して、10倍くらいに増加しているという）。

奴隷の中には、目端の利く者もいるから、畑仕事などに限らず、農場の主人の家事にも手助けとなり、中には Skilled Tradesmen となって、外で活躍する者まで現われた。

（b）こうして白人と黒人との間の接触がとても密なヴァージニアでは、双方の協力により、はっきりとした「農場文化」のようなものが出来上がっていったことがある。

そんなヴァージニアでは、農場主は「何人の奴隷を保有しているか？」、が1つのステータスシンボルとなっていった。

1790年、第1回の人口調査が、連邦憲法の定める通り行われたが、その中では、黒人の8％のみが自由人として区分されていた。

以上、18世紀を通して奴隷制が、ヴァージニアを中心に成立し、そこから他のコロニーにも普及していったことを記した。その間アメリカは、自由と平等を旗印に、自らは共和政治を実現しながら、イギリス王に対し革命戦争を戦うのだが、自らの社会内の問題—奴隷制に対しては、何の手も下さないという、根本的矛盾を抱えていた。

革命戦争が終わった後の19世紀はじめからは、Cotton Gin の発明の故で、綿花の大増産が始まった経済の中で、綿畑が広がるジョージア、ミシシッピ、アラバマ、ルイジアナで、奴隷制が、却って一段と根を広げることになっていった。

南北戦争の火蓋が切られようという1860年、南部には400万人近い黒人奴隷がいた。

西部の山地に行くと、同じタバコ、米、綿などでも、耕作地は少なくなり、黒人奴隷も少なくなる。この地形の違いだけでなく、西ヴァージニア地方は、奴隷人口もうんと少ないなど、ヴァージニア州から分裂する前から、社会、経済の基本が、東の沿岸部とは地政学的に違っていた。

しかも、人口は沿岸部の方が多いことから、議会でも西ヴァージニア地方は、不利な立場にずっと甘んじていた。

西ヴァージニアの人々はそう考え、主張してきたが、1829年、Wheeling

に集まって、分離が実現して、ウェストヴァージニア州となった（州都は Charleston）。

この分裂は、時期が時期だけに、影響が大きかった。その30年後、ヴァージニアが、南部連合の盟主として北軍（合衆国軍）と戦って敗れたのに対し、ウェストヴァージニア州は、リンカーンの北軍の下に走って、勝ち組の一員となった。

(ハ) ジョージアと両カロライナ

(a) 13コロニーの中で、最後にイギリス王が免許したのが、その中の最南部のジョージア（Georgia）植民州である。他のコロニーと同じく、囚人を送り込む場所、つまり Penal Colony としての使命が、第1であった（13コロニー全体で、囚人5万人が送られているが、その数は、18世紀中の13コロニーへのイギリスからの全移住者の4分の1程度に当たるという）。

このジョージアの開拓に深く関わっているイギリス人が、軍人政治家で博愛事業なども手掛けた James E. Oglethorpe（1696〜1785）であった。ジョージアコロニーの創設も手掛け、初代 Governor もしている。この Oglethorpe 氏は、王立の監獄委員会にも関わっていて、囚人らが如何にひどい状況の下で生きているかを十二分に知っていたから、彼らを北米にあるイギリス王国のコロニーへ送り、そこで農業を営みつつ生計を立てられるスキームを考えた。

しかし、この囚人を送り込むアイデアは、現地で既に生活している人々からは歓迎されなかった。そこで、これに代わるというか、それを補うアイデアが、年季奉公制度（Indentured Servitude）である。

そのジョージアでも、Darien へ入植したのは、プロテスタントのスコットランド人たちであり、彼らは、信仰上の理由からも奴隷制に反対していて、ジョージアコロニーは1735年から数年間、一旦奴隷制を止めていたが、奴隷を入れないと、コロニーは十分な労働力を確保できないとして、1750年に再び奴隷の法制化に踏み切った。

(b) 両カロライナ（Carolinas）は、元来がイギリスのコロニーの1つとして、未分離のまま始まった（1651年）。それ以前（16世紀中）は、フランスとイタリ

アが、この地に探検や入植の試みをしていたこともあったが、最終的に放棄していた。

その北側部分には、ペンシルベニアとヴァージニアのコロニストが入り込んで入植地を作り、南半分は、はじめから奴隷労働に依存した大規模な耕作地（綿、米、藍）としてスタートしている。2つが別の県（Province）として区分されたのは1712年であるが、それが王の命により正式になったのは1729年とされる。

サウスカロライナのチャールストン港は、綿、米などの輸出で大いに賑わった。一方、コロニーの政府は地元のインディアンに加え、フロリダを本拠とするスペイン人らによる入植地拡張の勢力と激しく競合し、対抗しなければならなかった。

Plantation が拡大するにつれ、労働力不足を補うためアフリカからの奴隷の輸入も増え、1708年には白人の人口を上回るに至っている。イギリスからの入植者は、いずれも貴族の大金持ちの権利者（Lord Proprietors）と呼ばれていた人であった[57]。

North と South を合わせた両カロライナは、17世紀中頃、イギリス王室に近い団体、Royal African Company（RAC）の4人のメンバーが権利者（王からのライセンスを得た入植権利者）であった。

1663年、その RAC の権利者らは、両カロライナなどへの入植者を募るとともに、男の奴隷1人につき20エーカー、女なら10エーカーの土地を入植者に与える約束をして入植者を勧誘したことで、白人入植者とともに、その何倍もの黒人の居住を促すことに成功した。

そこでは、同じくイギリスの有した Barbados 島から来た白人が、藍と米を耕作したが、いずれも大規模なもので、多くの奴隷を輸入した（1708年の時点で、黒人の人口が白人を上回った）。

奴隷の値段は、年季奉公人を雇うよりもかなり高くつき、ヴァージニアな

57　Lord Proprietors とは、王からの「入植してよい」との Patent を得た貴族などの有力者をいう。つまり、両カロライナなども、イギリス王が所有しつつも、実際の使用収益権はパテントを与えられた臣下が有するという Proprietary Rule の下にあった。

どから以南の、綿でうんと儲かっているコロニストだけができていた。

　その後、イギリスなどからの白人の入植も増加するが、沿岸部にはもう土地がなく、少し奥の山地寄りに入植している。

　両カロライナを含む南部州の Planters らは、13 コロニー中の（その Planters の中の）金持ちの部類だった。何しろ、奴隷を使って、しかも利のある綿を作って収益を挙げているのだから、これは当然ともいえた。

（二）ストノの乱

　（a）13 コロニーに奴隷制が普及する中で、黒人らも服従一辺倒ではなかった。ストノの乱（Stono Rebellion）と呼ばれるこの事件は、Charleston から 3 キロほど上ったところの、Stono River に近い町内で 1739 年 9 月 9 日に起きていた。

　このストノの乱を引き起こした真の動機は、白人らによる日常の扱いに対する黒人らの不満以上に、South Carolina 議会で準備中の法律であった、とされている[58]。

　1730 年にカリブ海のあちこちで起きた黒人暴動を受けて、South Carolina などの南部州では、それまでの Negro Act を大幅に強化する法律の制定が準備されていた。前記のように、黒人に対する締めつけが厳しくなったことである。

　集会禁止に加えて、今までは認められていた、（白人の主人が、日曜日に教会へ行っている間にすることができた）自らの畑仕事などができなくなり、更に、読み書きを習うこともできなくなった。

　（b）1739 年 9 月 9 日にサウスカロライナコロニーで起きているこのストノの乱は、18 世紀中にイギリスの 13 コロニーで発生したものとしては、最大のものであった。

　白人入植者 25 人くらいが死んだ一方、黒人は、35 人ないし 50 人が殺されたという。そのアフリカ人らは、中央アフリカのコンゴから連れて来られた

58　その法律は、保安法（Security Act）と呼ばれ、これまで白人が黒人の反乱の可能性に対処する上での弱点とされていた、日曜日の教会での礼拝に武器を携えることを肯定していた（その時間帯だけ、逆に「黒人は、自らのための畑仕事などができる」との定めがあった）。この法律は、「9 月 29 日から施行」と決まっていた（pbs.org）。

者だという。

彼らのリーダーJemmy は、別名 Cato と、その持ち主（白人）の姓でも呼ばれていた。彼らは、そこから南、約 300 キロにある、当時、スペインの支配下にあったフロリダの St. Augustine への脱出を試みていた。

この St. Augustine 郊外には、1738 年にスペインが作った Fort Mośe という黒人部落もあり、スペイン側の「唆し」があったとも見られている。

Jemmy は、聖母マリア誕生祭の次の日に行動を起こすと決めていた。一行は、「自由を！」と書かれた旗とともに進んだ上、Stono 河の橋のふもとの商店を襲い、2 人を殺害し、武器などを奪った。

スペイン領のフロリダを目指す中で、彼らの人数は、81 人にまで増えていた。その間、6 つの農場を襲い、白人 23〜28 人を殺したとしている。

サウスカロライナの州知事 William Bull らは、この黒人らの行進を見かけ、すぐに Militia などに連絡した。その結果、翌日、騎馬の Militia が黒人らに追いつき、そこで戦闘となって黒人ら 47 人と、白人 23 人が死んでいる。

黒人らの多くは首を切り取られ、棒の上に掲げられて、他の黒人への見せしめとされた。更に副知事は、Chickasaw インディアンの部隊などを派遣して、残存する黒人らの掃討にかかった。

そうした戦いは、最初の戦いの場所から更に 50 キロほど南にまで及んでいる。生け捕りにされた黒人らは、死刑にされるか、西インド諸島へ奴隷として売られた。

（ホ）Gabriel の反乱

（a）ジョージアとサウスカロライナのコロニーでは、このストノの乱から 2 年間、他にも不穏な動きが起きている。ストノの乱によりヒントを得た面もあろうが、歴史家は、奴隷に対する過酷な労働の強制があったものと考えている。

ストノの乱を受けて、サウスカロライナでは、国内最大港の 1 つだったチャールストン港を通してのアフリカ人の輸入を向こう 10 年間ストップした[59]（その後も、Angola と Congo からの黒人の輸入は避けるようにした）。

サウスカロライナはまた、1740 年に Negro Act を制定し、管理を厳しくし

ている（農場で働く黒人10人につき、1人の白人監督をつけるなど）。その他、「奴隷
は自家用の菜園を作れない」、「4人以上で集まれない」、「読み書きを学べな
い」、などの制約も法定された。

　一方、奴隷の扱いに行き過ぎのあったオーナーを罰するなどとした立法も
行ったが、これは、黒人には白人に対し不利な証言をする能力がない、とす
る法律によって、実効性はなかった。

　更に、奴隷を解放するには、今までの証書作成だけでは十分でなく、コロ
ニー議会の承認を貰うことが必要となった（これには、「増加する自由人の存在が、
奴隷心理に大きくマイナスとして働く」、と考えられたことも1つある）。

　これは、今までオーナーが、農場で働く女奴隷との間で設けた混血児を、
自由人としていた動きに、一定の歯止めをかけることになった。

　(b) Gabrielの反乱は、Stonoより半世紀以上後の、1800年に生じたもの
である。首謀者のGabriel Prosserは、ヴァージニア州のタバコ畑で働く奴隷
一家に生まれた。読み書きができたが、鍛冶屋（Black Smith）としても一人前
の腕であった。このように、腕に技術を持った奴隷は、主人があちこちの鉄
工所に短期貸をすることにより儲けられた。

　Gabrielはそうやって、鉄工所に出稼ぎにやられている間に、あちこちの
家に出入りして色々な情報を耳にし、決心を固めていったのであろう[60]。あ
る研究者は、Gabrielには2人の白人の共謀者がいたとする（2人は、フランス
人だという）。

　彼が8月30日に反乱を企てていることを、他の黒人が当局へ密告したこと
で、先に逮捕がなされた。

　背景として、当時のタバコ価格の低下により、人々が余り耕作をしなく
なって、農耕用の奴隷の価値が、大幅に下がっていたことがある。

　それでなくても、革命戦争直後の1780年から1810年の期間は、奴隷市場

59　その頃イギリス王となったチャールズⅡ世の名を取ったサウスカロライナの港チャー
　ルストンは、北米大陸への黒人奴隷の全輸入の40％を扱っていた。
60　仕事の必要で出かけることの多かったGabrielは、州の奴隷に対する外出ルールが緩
　やかだったのに助けられていた。このため、この反乱後は、多くの主人が奴隷のこの外
　出ルールを、ぐっと締めることになる。

に大変化が起きていた。浅南部では特に、それが強く感じられていた。

　この時期は南部でも、殊に浅南部で、奴隷解放が大規模に行われ、どちらを向いても黒人は奴隷ではなく、自由人という例が続出した（1782 年に 1 ％にならなかった黒人中に占める自由人の比率が、1810 年には 10 ％を超えるようになっていた）。

　それまでの革命戦争では（1775〜1783 年）、白人らは皆、自らの自由をイギリス王に対し主張し、それを力により奪取しようとしていた。その中で、Methodists と Quakers は、奴隷解放の呼びかけを一段と大きくしていた。

　加えて、マサチューセッツや Vermont などの白人らの間からも、彼らを解放する動きや、ひいてはコロニーの議会のうちで、奴隷制廃止のための法案を用意し、成立に向け活動することなどが見られた。

　しかも、1792 年にはフランス大革命の結果として、フランスは、人種平等のルールを内外に宣明していた。

　Gabriel の反乱は、上記のように未然に発覚し防がれたが、その 2 年後（1802 年）にも奴隷のボートの漕ぎ手らによる反乱計画が発見された。そんな中、州議会は、1808 年に奴隷の貸し借りを禁ずる一方、自由人（Freemen）は、奴隷でなくなった日から 12 か月以内に州を去るか、さもなければ議会の承認を得なければならないルールとした。

（ヘ）Nat Turner による反乱

　Stono、Gabriel と並んでもう 1 つ大きく、かつ有名なのが、同じく 19 世紀に入ってからの Nat Turner による反乱である、それは、1831 年 8 月に起こり、約 60 人の白人を殺害した後、2、3 日後に制圧されている。ただし Turner だけは、その後も 2 か月以上も逃れていて、8 月 23 日になって身柄を確保された。

　ヴァージニア州 Southampton 郡で起きたこの事件では、白人らによる反発も猛烈で、Militia や群衆らにより 120 人以上の黒人ら（奴隷と自由人）が仕返し的に殺されている。

　Southampton 郡は元々、白人より黒人の方が多く住んでいるところであった。Turner は、若くして読み書きを習い、宗教心も強く、聖書の出来事など

にも詳しかった。多少幻想的なところがあり、事件の前後に「お告げ」を受けたとされる。

　そんな彼は、黒人らを集めて説教することもあったが、8 月 21 日に 70 人を集めて、一団となって部落を回って、奴隷を解放する一方、白人らを殺害した。

　彼らは、約 60 人の白人を殺した後、Militia に制圧されている。Turner は、その後も 6 週間、Southampton 郡内に隠れていたが、10 月 30 日に畑の中で発見され、11 月 5 日に裁きを受けて 11 日に処刑されている。

（5）ニューヨーク州など Mid-Atlantic 地方と、カリブ海の共和国

（イ）オランダ統治でスタート

（a）今のニューヨークの原野に、最初に手をつけたのはオランダである。それも、まだ国として自ら完全に独立してもいなかった1602年という早くに、である（16 世紀末前に、既に、今のニューヨークに、少数のオランダ人が開拓に入っていた。海外雄飛の点で先行している）。

　オランダという国は、長らくスペイン王国領の一部でしかなく、その年、上記のように、宗主国スペインからまだ完全に独立してもいなかった（やっと独立国らしく見え出したかな、という文字通りの小国であった）。

　それでもイギリスの動きに対抗して、ニューヨークを占取していた（政府が免許した、〔元のオランダ語では〕「統一東インド会社」VOC を意味する Dutch East India Company という会社が、それを行っていた）。

　統一東インド会社の船クレセント号（Crescent、船長 Henry Hudson）が、初めてインディアンの住むニューヨークの地に来た。そして、ニューヨーク湾からハドソン河に入って行ったのは、1609 年 9 月 13 日であった。

　「オランダ国」物語は、同国が時代的、歴史的、宗教的に独特な紛争を乗り越えて（旧教で、かつ宗主国であるスペインと、その王、ハプスブルク家の嫡男であるフィリップに打ち勝って）、新教国として独立する 17 世紀初頭に正式にスタートする。

　オランダから、イギリスがニューヨークの支配権を奪い取った1664年、支

配権を実際に行使したのは、その資本の大半をヨーク（York）公が所有していた前出の RAC であった。

（b）そのニューヨークに、いつ頃、どうやって黒人らが姿を見せたのか。第2次英蘭戦争の結果としてイギリスがニューヨークをオランダから奪取するより前、オランダが統治していた間に、オランダ西インド会社（WIC）が、1000人規模の黒人を運んできていたことがある[61]。

オランダは、今のニューヨーク州全体よりも更に広大な土地を、自分たちの領土として獲得していた。つまり、ハドソン河をずっと北に遡った今の Albany や Kingston など、州域の大半に近い広大な領域である。New Amsterdam（今のマンハッタン）だけではない。新オランダ（New Netherland）である。この広大な領域を開拓するに当たり、彼らは黒人を使っていた[62]。

この17世紀前半の北米では、黒人（奴隷）の輸入量は次第に増大したとはいえ、まだ制度としての奴隷制度は形成途上にあった。つまり、黒人農奴らと白人入植者との間には、生活上の全ての面で明らかな違いがあり、それ故両者の間には、「ある程度の差別感、距離感」は働いてはいたが、その後の本格的な奴隷制度の下でのような、極端な<u>人種的差別</u>と<u>隔離</u>はまだ見られなかった。

（c）自由人ないし半自由人としての黒人は、上記の New Netherland 時代から統一東インド会社（VOC）より後に設立されたオランダ西インド会社の男子成員としてミリシアにも参加していて、オランダ西インド会社のために色々な形で長く働いた黒人には、会社から一定の自由が与えられていた[63]。

またイギリス人の下でのマサチューセッツでは、先述のように、奴隷の黒人でも、1641〜1644年の（Pequot 族との）インディアン戦争には参加していた[64]。

61　WIC は、1662年に2万4000人分の奴隷を納入する権利（スペインとの間の Ascionto）を取得した。1663年、1664年の2年間だけを取ると、ポルトガルもイギリスも抜いて、ナンバーワンの奴隷貿易の実績を挙げていた（wikipedia）。

62　当時の総人口を6000〜8000とし、うち約1000が奴隷であったとする説もある（同上）。

63　この自由（Half-Freedom）と引き替えに、彼らは一定期間、砦の増築などで働かされた。

　この北米大陸での、オランダからイギリスへの覇権の交代によって変わったのは、「New Netherland からニューヨーク」、という名前の変更だけではなかった。RAC を通して奴隷を所有したヨーク候は、奴隷を畑や道路などで働かせるだけではなく、「奴隷売買」という新商売に目をつけた。そのために、ヨーク候の RAC 社内の部下たちは、幹部以下、ニューヨークに一大奴隷マーケットを作る仕事に注力し始めた。

　まずは輸入である。1701〜1726 年の間に、公的な記録だけで、西インド諸島（West Indies）から 1570 人、アフリカから 802 人が輸入された（この他、関税逃れの密売人が、マンハッタンから遠く離れたロングアイランドにも陸揚げ輸入していて、ある例では、一杯の船だけで、マンハッタン島の桟橋全体での輸入を上回っていたという）。

　その結果、17 世紀末頃のニューヨークは、South Carolina の Charleston 港を除き、全米で黒人人口が一番多い町となっていた[65]（これによる一番の問題は、アイリッシュなど一部の白人労働者が職を失ったことであった[66]）。

　(d) 19 世紀前半のニューヨーク州にいた自由人 Solomon Northup が、2 人の白人に騙されて売り飛ばされ、「12 年間の奴隷」となって、南部のルイジアナ州の農場で過ごす様をつぶさに記憶し、それを一冊の本『12 年間の奴隷』にまとめて出版していた（1853 年）。

　ベストセラーとなったが、その叙述からは、南部州の黒人奴隷の生活と比べれば、ニューヨークでの黒人の生活の方が、遥かにましな生活であることが、骨身に沁みて分かるのである。

(ロ)　オランダの Legacy からイギリス式へ

　(a) ニューヨークの奴隷制が、南部（たとえば Virginia）の綿畑などでのそれ

64　彼ら奴隷は更に、入植していた白人小作人らによる暴動が起きた折にも、駆り出されて戦っていた。

65　1698 年の 2000 人が、1746 年には 9000 人、1756 年には 1 万 3000 人に上ったとする。また黒人人口の全体に占める割合も 35 ％になり、そのうち自由人を差し引いた、奴隷の占める率は 5 つの郡（Kings, Queens, Richmond, New York, Westchester）で、25 ％に達したという。

66　ニューヨーク市内では、1691 年には市場での運び屋の仕事が、また 1737 年までには樽桶屋の仕事が、ほとんど奪われてしまったという。

のように、典型的な奴隷制として発展してこなかったのには、南部（大規模農
業社会）との違いの他、先行した半世紀ほどの間の、上記のようなオランダ
が支配していた時代の「半熟の奴隷制」の影響がある。

　それは一口にいって、イギリス人の下での扱いよりも、奴隷に対し、ほん
の少し人間的（Humane）であった。

　奴隷制についての学者 Ira Berlin などの編書（もう1人の編者は、Leslie M.
Harris）によっても、New Amsterdam でのオランダ西インド会社は、その所
有物（奴隷）を激しく労働させてはいたが、まだ奴隷制度としては固まった
ものではなくて、奴隷も、「一定の給金を貰っていた」、などとしている[67]。

　この点を Berlin らは要約して、オランダ治世の下、黒人奴隷らは、社会の
劣等部分だが、「一体をなす一部」、として扱われていた。そのような意味で、
社会の問題となりうる口実を宿していたという[68]。

　以下の1741年の騒ぎの時は、この騒ぎの火元の1つとされた、彼らがよく
行く酒場（Hughson's Tavern）に、町の人の目が集中したという。

　更に、当時のニューヨークの奴隷制は、そもそも人種（肌の色）により成
立っているものではなかった。母系社会の「母系」が決め手となっていた。
つまり、奴隷女と自由人男との間の子は、たとえ白人でも、奴隷の身分と
なった（18世紀を通して、多くの白い奴隷〔White Slaves〕がいた）。

　(b) 17世紀ニューヨークでの、オランダ統治時代の緩やかな奴隷法制
（Slavery Law）につき上述したが、もう1つの特記事項がある。

　18世紀に入ると、1712年にニューヨーク植民州議会（New York Assembly）
が、「明確な黒人対策」を盛り込んだ法律（Negro Act）を立法したことである。

　それにより、オランダ式からイギリス式制度への移行、つまり奴隷法制を
イギリス式に、より完成させること（Elaboration）が行われた（ニューヨーク植

67　1635年には、その支払いが遅れたため、彼ら半奴隷は、会社と交渉し、自分たちの身
　分を "Half-Free" とすることに成功した（thenation.com）。
68　その編書中にある Hughson's Tavern の図では、実際に黒人と白人とが混ざって、と
　もに飲み、盗品を分配し合い、眠っている様子が描かれている。この Tavern は、当時
　はそこが河岸であった Liberty と Trinity の2つの通りに面していて、下層白人らと黒人
　（奴隷、自由人とも）の集う場所であった（maap.columbia.edu）。

民州内で奴隷が制度化されたのは、イギリスがオランダから統治権を奪った 1664 年から少し経ってからといってよい）。

それ以前の 1652 年、New Amsterdam 時代の法律（条例）では、新しく 2 つのことが定められていただけであった。（ⅰ）奴隷の虐待防止（鞭打ちは、当局の許可を要するとした）と、（ⅱ）奴隷解放が（無料で）可能であることを明定していた。

イギリス統治時代に入ると、1665 年に第 1 回のイギリスによる Colony Law が作られ、奴隷は Chattel に分類され、生涯の使役が正当化され、結婚も否定された。

1680 年代はじめには、許しなく主人の家を去ること、武器を所持すること、更に、4 時以降グループで集まること、なども禁じられた。

その一方で、奴隷らには一定の職が与えられたが、これは反面で、白人の下層労働者を圧迫し、両者の関係を険悪にした。そのため、各地でそうした下層労働者らが苦境を訴えて請願している（ボストンで 1660 年から、ニューヨークで 1686 年からなどである）。

それでも、1680 年頃はまだ、オランダ統治時代の余韻が残っていたから、その他に条例で定めていたのは、黒人ら（Negroes）には「白ラム酒（White Rum）など、強い酒を売ってはならない……」という程度であった[69]。

だがしかし 18 世紀に入り、1712 年の暴動（次記）を受けて、それまでのこうした、いわば穏和な立法が一変した。ニューヨーク植民州議会の 1712 年法の内容は、「奴隷の反乱対策法」の名に値する、その点で歯ごたえのあるものとなった[70]。

（ⅰ）主人に一定の懲罰権を与え、

（ⅱ）殊に、殺人など重い犯行を行った者に対する死刑としては、その状況に応じ、（火炙り、八つ裂き、その他）色々な方法が取りうることを定め、

69　更に、1702 年には、黒人らとの間で物を売買するには、その主人の同意を要するとした（黒人らから物を受け取った者は、その価格の 3 倍プラス 5 ポンドの罰金が課せられた）（law2.umkc.edu）。

70　法律の名前は、An Act for Preventing Suppressing and Punishing The Conspiracy and Insurrection of Negroes and Other Slaves（law2.umkc.edu）。

（ⅲ）不動産を所有する能力を否定した他、

（ⅳ）奴隷を解放をするには、主人が政府に200ポンドを納めた上、奴隷本人に20ポンドの年金を与えねばならないとした。

次いで、1730年法は、奴隷が一切の武器になるようなもの（棒切れなど）を所持すること、3人以上で集まること、夕方以降に外出すること、などを禁じた。この1730年法を受けて、1737年の市条例では[71]、公けの鞭打ち場（Public Whipping Post）を設け、そこでの、それらの違反に対する鞭打ちの刑を定めた[72]。

（ハ）ニューヨークでの最初の黒人暴動

（a）ニューヨークなどMid-Atlanticのコロニーでも、18世紀頃になると、奴隷に対する白人の扱いが、深南部に比べてより「マシ」、ということはなかった。

行き過ぎた「お仕置」の例も、かなり記録されている。それまでに市の議会Common Councilは、黒人らの権利を制限する条例を次々に出していて、黒人らには、私有財産の相続を許さない制度も定めた。

最初の黒人らによる暴動の1712年でも、ニューヨークの町は、マンハッタンを東西に走る今のウォール街の辺りまでが、やっと人の住んでい（住め）る場所という町であった（何しろ、その前年1711年に、「町外れ」に当たる、ウォール街の東端に、奴隷市場が設けられたばかりであった）。

そうした当時の狭いニューヨーク、マンハッタンで1712年の4月6日に起きたのが、黒人らが主力となった騒動である。前述のように、同年に注70の

71　この市条例では、今までの法律や条例が、対象を"Negro and Other Slaves"としていたのに対し、"Negro, Mulatto or Indian Slave"と、より言葉を広くしている点がある（law2.umkc.edu）。なおMulattoとは、ヨーロッパ系白人と、アフリカ系黒人との混血した人を意味する。

72　この「公けの鞭打ち場」とは、その後、アメリカのどの町にも設けられた「晒し台」（Pillory）と、その下に立った直径40〜50センチの柱のことである。そこでの鞭打ちの刑は、アメリカで300年以上の歴史がある。何と驚いたことに、Delaware州のKent Countyでは（1954年の記事で）、最近になって「新しく樫の木（Oak）の6フィートの高さの柱と、鞭などを新調した」と伝えられている。受刑者は、首を丸い穴の開いた板に嵌められて両手を固定され、こうした柱を抱えるようにして、裸の背をこちらに向けて立たされる。その柱を"Old Susan"とか、またその姿を"Hugging Red Hannah"とか呼んでいたという（1964年2月2日、nytimes.com）。

刑法（黒人専用の、主として暴動と反乱防止のための法令）が作られていたから、彼らは皆、この市条例により厳しく処罰されることになった。

　この1712年法より前にも、黒人らに対する規制は法定されていて、そうした抑圧的法制に対する不満も働いていたろう。4月7日の未明、黒人らによって Maiden Lane にあったオランダ系の van Tilburg 家の物置が放火された。更に、集まってきた白人らに対し、奴隷らが銃を撃ち、刃、棒などを振り回して、これを殺傷するという事件が起きた。

　(b) 暴動は、アフリカ（生まれ）から連れて来られた奴隷ら（彼らの多くは、アメリカ生まれの奴隷よりも、死を選ぶ志を持っていた）によって始められた。予め、先ごめ銃（Musket）などを用意し、それを住宅地の外れの野原に隠していた。前夜集合した24人が、それらの銃を取り出し、家々に火を放った上、物陰に隠れた。そこから、消火のために集まった白人ら目がけて、発砲した。

　白人8人が殺され、かなりの数が負傷した。しかし、物の損害は思ったほどではなかった。

　事件は、マンハッタンの南端に近い Battery にある Fort George 砦に知らされ、ミリシアが出動する騒ぎに発展した[73]（当時のマンハッタンといったら、今の Canal Street 辺りが上限で、その北は湿原と森林で覆われていた）。

　奴隷らの一部は、Wall Street から北の湿原と森林の方に逃れたが、21人が逮捕された。その処罰は、普通の絞首刑などではない。火炙りや、車による引き裂きの形で行われた（当時の刑法が、死刑執行の具体的な方法までは決めていなかったことがある）。6人は、その前に自殺したとされている。

　この後、黒人奴隷らに対する法の取締りが、更に厳しくされたのはいうまでもない。

　白人の犠牲は、十数人であったものの、全住民4800人余りに与えた恐怖は大きかった。ニューヨーク市のこれに対する処罰も、前記のように、人智の限りを尽くした、惨しいものとなった。

　(c) そんな中、ニューヨークコロニーでは、1706年の立法により、主人が奴隷に対してキリスト教への転向を行うことを勧めた一方で、クリスチャン

73　事件では、9人の白人が死に、6人が負傷したともされる（global.britanica.com）。

だからといって、イギリスの習慣に従って奴隷から解放する義務のないことを明定していた。

ニューヨーク市内の奴隷の主人の中には大金持ちもいたが、1人ないし2人の奴隷しか有しない Tradesmen や Shopkeepers も、結構多くいた。男の奴隷の中には、腕のいい技術工として育つ者もおり、読み書きを学ばせて貰う者もいた。当時、奴隷は1つの名（First Name）しか持っておらず、必要に応じ、それに主人の名を冠して特定された。

1600年代中頃、オランダは西インド会社の奴隷らには若干の土地を分けてやっていた。マンハッタンにはオランダ時代から、小さなものながら、そうした自由人の集落も形成されていたが、若干の土地所有が、その基礎にある。

ところが、イギリスの領土となった後は、そうした自由人として所有する土地も売ることを強制し、やがて全て、白人のみが土地所有者であるニューヨークに変化してしまった。

(二) 激しかったカリブ海の島々からの船の出入り

(a) この辺りで、当時（18世紀はじめ）のイギリスの植民地ニューヨークが、どんな様子の町だったか、一瞥してみよう。18世紀に入った頃は、人口の14.2％が黒人であったが、市民らが、何かと奴隷労働に依存する中で、奴隷の比率は上がっていった。

1712年の暴動当時、いやそれから約30年経った1741年の騒動の時も、ニューヨークの町は、「港」でもっていた。その貿易の主要品目の1つは毛皮であった。インディアンからの買取りが主のそうした毛皮は、奥地からハドソン河を下って港町に運ばれてきて、ヨーロッパなどに輸出されていく。

(b) ニューオリンズ港やチャールストン港などとともに、ニューヨーク港にも、カリブ海の島々からの船の出入りが激しかった。

カリブ海には大小数千の島が散在し、それぞれがイギリスをはじめとする色々な国の支配下にあって、複雑である。その中で、St. John's の島では1733年に、Antigua 島では1736年に、黒人らの反乱が起きていた[74]。

---

74 St. John's は、Puerto Rico 島の東南にある2つの島 Antigua と Barbuda からなる国の最大の町で、首都に当たる。

　またJamaica島では1720〜1730年代にかけて、当時そこをスペインから奪って、支配していたイギリスとの間で、反乱というより戦争が行われていた（この戦争の頃のJamaicaでのイギリスの統治代理人は、イギリスの海軍士官John Hunterで、あの1712年騒動の時のニューヨークでの統治代理人をしていて、その責任者であった）。

　これらJamaica島などでの反乱のニュースが、港町ニューヨークに伝わらない筈はない。そこに起きたのが、次に述べる1741年のSt. Patrick's Dayの大騒動であった。しかも、このニューヨークでの大騒動の2年前（1739年）のSouth Carolinaでは、例のStono Rebellionが起き、30人近い白人が殺されていて、人々は恐怖感を持って、そのニュースを聞いていた[75]。

（ホ）St. Patrick's Dayの騒動

　（a）1712年の黒人暴動が、ニューヨーク市に住む白人らに大変な恐怖心を与えたことはいうまでもない。人々は、その後もずっと不安な気持ちの中で暮らしていた。そんなニューヨークで、下町の白人といえば、アイリッシュ、つまりアイルランド人らが多かった。

　18世紀前半のアメリカ社会で、最下層に位置づけられていた彼らは、団結して故国アイルランドを想い、イギリス王やイギリス国会による圧制を恨んでいた（いつの日か銃を取り、故国に帰って独立のために戦いたいと考えていた。そのための秘密結社も作られていた）。

　1712年の黒人暴動から約30年後の1741年の冬、アフリカから奴隷貿易船が港に入ってきた。

　積み荷として下ろされたのは、見るからに粗暴で、それまで町にいた黒人と比べ、遥かに獰猛な感じを人々に与える黒人らであった。

　1741年3月8日の昼頃にも火事が、それも8か所で起きた。火は6日間も燃え広がり、中心部（砦のように囲われてFort Georgeと呼ばれたところ）が焼け落

75　Stono Rebellionでの暴動では、アフリカ系黒人らがよく戦ったが、その一因として、彼らがアフリカにいた時の内戦で、兵士として部族間で戦った経験が役立っていたことがある。そのため、その翌年に作られた前出（4）（ホ）（a）のSouth Carolinaの法律1740 Negro Actは、奴隷輸入そのものの数も抑える中で、更にアフリカからの奴隷輸入を禁じる条文を含んでいた（afroamhistory.about.com）。

ちた。もう少し近づいて、この 1741 年暴動の発端を見てみよう。

　とりわけ寒さが厳しかったその冬も、「いくらか和らいだか」、と思わせる 3 月 17 日水曜日の夕刻。前出の砦 Fort George（小高い台地に 1626 年にオランダ西インド会社によって築かれていた）の中の副統治人（Lieutenant Governor）Clarke 宅の屋根から煙が立ち上がってきた。

　(b) 砦の警報鐘がけたたましく鳴り、2 頭立ての馬車が消火に駆けつけた。砦の下の Fort Garden では、バケツリレー隊が形成された。だが、火の手は広がる一方で、Clarke 宅の周りのバラックから、更に礼拝堂にも燃え移った。

　この Fort George の火事は、ほとんど失火と思われていて、そのまま過ぎたが、1 週間後の水曜日、今度はこの港町で知らない人がいない、船長宅から再び火事が起きた。更に、その 7 日後にも、船着き場横の倉庫から火が出て、全焼した。

　「3 週間続きの水曜日の夜の火事？」。町の人々が、訝しく思い始めた矢先、今度は、3 日後に East Ward で、しかもその消火に人々が忙しくしている最中に、West Side でも再び、「火事だ！」の叫びが上がった。

　当局は、公開捜査のため張り紙を出して、情報提供者に対し 100 ポンドの褒賞金の約束もした。遂に、その翌朝、道端に石炭かすがこぼれているのが、その跡が一軒の家から続いていることが確認された。

　そこで疑われたのが、暫く前にイギリスの軍艦によって攻撃されて、捕獲されたスペイン船に乗っていた黒人らのグループであった（彼らは不本意にも、その後、このニューヨークで、奴隷として競売されていた）。彼らを疑った当局により、これらの黒人（Spanish Negroes）狩りが行われている最中に、またしても、別の倉庫から出火した。今回は、オランダ人消防士が、その場から逃げ去ろうとする黒人を捕まえた。

　(c) こうした放火事件が相次ぐニューヨークにその後起きたのは、半世紀前の Salem、Massachusetts での出来事を彷彿とさせる、もう 1 つの現象[76]、

76　市内の黒人の約半分が逮捕・監禁され、しまいには、上述のように大勢が処刑される結果となった（他に、70 人の黒人はカリブ海諸島へ送られて、そこで奴隷として処分された）（maap.columbia.edu）。

アメリカ史の「ヒステリア」と呼ばれているような事象である。

このニューヨークでは、それが居酒屋（Alehouse）Hughson's Tavern の店主とその妻、2人の黒人との間での盗品売買に対する調査を端緒として、明るみに出たとされている。放火と略奪などの集団謀議が行われていた疑いと、それに対する惨殺刑の話である。

その間に、褒賞金につられて出てきたのが、Mary Burton（ビール店 Hughson's Tavern の召使）であった（なお、Hughson も、アイルランド系の氏である）。彼女が名指しした黒人 Caesar は、「盗品競売が常時行われている」という噂の Hughson's Tavern にいるところを捕まえられた。その結果、とにかく13人が「火炙り」、17人が「吊るし首」にされた。

18世紀のアメリカ植民州では、こうした処刑は、（鞭打ちも含め）全て注72に記した公けの場所で、公開の行事として行われた。集まってきた町の人々を前に、まず執行官によってお説教（Sermon）が行われる。普通はこれに加え、受刑者の生涯が短く語られた（他者への警告の意味もあったとする）。

(d) 18世紀半ばに近いその当時のマンハッタンの人口は、アイルランド系、ドイツ系、イギリス系など約1万1000人に対し、黒人が約3000人（うち奴隷、2000人）という中で、全ての白人所帯が奴隷を所有していた訳ではない[77]。無論、奴隷所有の点でも、前注のように、貧富の差が一番ものをいった。

奴隷の多くは結果として、マンハッタンの中でも富裕商人らが多く住む地番、Dock Street にいた。こうした奴隷は、主人の家の屋根裏とか、母屋の傍らの小屋とかに、僅かなスペースを与えられて住んでいた[78]。

彼らの中には、そのスキルによって生活している者が多かった。Bakers、Tailors、Goldsmiths などである。一方、上流階級の白人らには、黒人らの生活を助けようとする人も少なくなかった[79]。しかし、下層白人らにとっては、

77　1703年時だが、3人以上の奴隷所有所帯は、社会の上層から15％に属していたし、また1～3人の奴隷所有所帯は、上から3割の所帯に属していた。
78　南部社会の奴隷が、畑仕事などが中心であったのに対し、ニューヨークでは、家事手伝いが主で、女奴隷の数の方が多かったし、その時期が長かった（Thomas J. Davis〔newnetherlandinstitute.org〕）。
79　彼らは、Poor Whites をサポートする以上に、Negro Charities や School をサポートしている（slavenorth.com）。

奴隷らが独占している仕事に就けないことが、恨みの種だった。

　大まかにいって、上記のような理由から、マンハッタンの南の尖端から離れて北（当時の Wall Street）へ行けば行くほど、奴隷の数も減少した。そうした奴隷が日常の行動をする上でも、前述のように1730年法で、色々と厳しい制約が課されていた（中でも、3人以上の集合が禁止されていた）。

　しかし、これには大きな抜け道があった。共同井戸（Town Pump）での水汲み労働である。水道などなかった時代であるから、これが奴隷仕事の大きな1つであった。もう1つが、これは仕事というよりも「心の捌け口」の方が当たっていようが、Liberty Street の西の端にある、皆が行く酒場 Hughson's Tavern への出入りである（18世紀はじめの奴隷に対する規制は、まだそれだけ緩やかだった）。

　彼らは皆、アフリカ大陸から略取されて来ていた。いわゆる家族間の普通のつながり、親類縁者などは、はじめから全く度外視して、取引され売買されていた。つまり、周りに頼れる人のいない全くの孤独である。

　ボストンやニューヨークなどの港町から "Sold Down The River" で、更に南部の各地（農場など）に再び売られて行く（いわゆる Second Middle Passage）にしても同じで、孤独であることに変わりはなかった。

　それが奴隷の一生であり、運命であった。それ故、このマンハッタンでも、主人の家の中のどこかに、奴隷が家族で住む、などということは、滅多に見られなかった[80]。

　もう1つ、「これは南部社会での奴隷の扱いと違う」と思われるのが、女奴隷の妊娠が、ニューヨークでは嫌がられていた点である（南部社会では、逆に "Negro Wenches" は、資産の増加として喜ばれ、「少なくとも5人は産むように」、などと期待されていた）。

　(e) 黒人らの増加に伴い、1740年代に入ると、奴隷の人口比率は20％に達し、マンハッタンの所帯の5つに1つが、少なくとも1人の奴隷を抱えて

80　多くは男の奴隷が、女の奴隷の室に夜中に通って行くくらいであったが、その中で弁護士 John Chambers が、1741年に Robin と Cuba という男女の奴隷を所有して、2人に一室を宛てがっていたのは、例外中の例外であった。

いるという状態になった。

　これを受けて市は、より厳しい条例により、彼らを抑え込もうとした。そんな中で起きたのが、上述の1741年3月8日の事件であった。

　1738年頃（事件の3年近く前）には、この酒場 Hughson's Tavern でよく見かけるアフリカ人らとして、Caesar と Prince と Cuffee がいた（他に時々 Quock も来ていた）。

　噂によれば、彼らは、Wall Street と Water Street の角にある倉庫群から色々な品をこっそり持ち出して、酒場 Hughson's Tavern に来ては、店主の Hughson に売っていたという。つまり、彼 Hughson は、酒場の店主（それから「靴屋」もやったことがある）の他に、盗品故買屋（"Fence" といった）でもあった。

　先述の1741年の放火などの騒ぎでは、当局は犯人探しのため、前述の100ポンドの懸賞金の他、恩赦を約束して、告発の届けを待つとともに、数人を逮捕した。その中の1人、16歳の召使 Mary Burton は、彼女の主人 John Hughson と、その妻とともに捕まえられていた。

　結局 Hughson 夫妻と2人の黒人が、まず処刑されることになった。黒人1人が鑽（うでわ）に吊るされて殺され、その体は、腐敗するがままに放置されたが、「生温い」との一部の声で、裁判官はもう1人の黒人に対しては、火炙りを命じていた（黒人が懸命に哀願する中、群衆らは聞く耳を持たず、「早く燃やせ！」と叫んでいた）。

　こうして始まった黒人らに対する残虐なばかりの迫害劇は、3月から8月までも続いた。1712年暴動では、21人が逮捕され、処罰されたが、今回の1741年は、全部で150人以上の黒人と、20人の白人が訴追された。その結果、前述のように、13人の黒人が火炙りに、17人の黒人と4人の白人が首吊りに、そして70人の黒人、7人の白人が、それぞれ国外追放の処分をされた[81]。

　1741年暴動に対する今回の処罰こそは、正に1世紀前にマサチューセッツで起きていた魔女裁判を彷彿とさせるものとなった。1712年の黒人暴動に対

81　処刑は数か月もかかって行われた。その間、告訴された不幸な人々のために弁護しようという法律家は、1人として出て来なかった（thehistorybox.com）。

する過剰反応があったともいえる。

　この残酷さを説明する理由の１つは、上述のように法律が、死刑の方法までは定めていなかったことにもあるが、30 年前の 1712 年の黒人暴動の恐ろしい記憶に加え、もう１つとして、つい２年前の 1739 年の South Carolina、Stono River での大惨事（25 人の白人が殺されている）のニュースがまだ耳新しく、人々をパニックに陥れていたことがある[82]。

（へ）宗主国イギリスへの意識

　（a） ニューヨークコロニーもニューヨーク市も、はじめに原野を開発したのは、1626 年からのオランダであり、その西インド会社（Dutch West India Company）である[83]。

　イギリスは覇権を巡る戦争に勝利している。第２次英蘭戦争（1665 年）である。1664 年、ニューヨークを占拠して先住のオランダ人勢力を追い出し、自らの植民地とした。だからといって、ニューヨークで、「もうイギリスだけの一人天下」、と安心し切る訳にはいかなかった。

　15 世紀末以来、ずっと西半球の主であったスペインが、18 世紀の今、「夢よ、もう一度」とばかりに、虎視眈々と狙っていた。イギリス王国も、主要な場所に駐屯兵を置いていたものの、足元のマンハッタンでも、時に住民らがトラブルを起こす事件もあった（その点も、ボストンと似ていた）。黒人の反逆によるこれらの事件も、それが、「社会の混乱」を招き、下手をすると、コロニーの帰属を変えられる、という点では共通するリスクを抱えていた。

　（b） 1741 年暴動から 20 年余りの 1765 年になると、イギリス国会が、例の印紙税法（Stamp Act）を通してきた[84]。そこで、ニューヨークの商人らは、ブ

82　South Carolina は、まだスペイン領であった Florida と隣り合わせで、スペイン人らは、黒人らに「もし St. Augustine まで逃げて来れば、これまでの逃亡黒人と同じ扱い（自由人となり土地を貰える）をするよ……」と誘っていた（それにより、イギリスの北米支配に風穴を開けようとしていた）。

83　当時、New Netherland（ニューヨーク）、New Amsterdam（ニューヨーク市）と呼ばれたこれらの地の道路その他のインフラ全てを、オランダ人らは前記のように、黒人らを使役して開発した（history.com）。

84　印紙税法は、私信を除くほとんど全ての文書、印刷物に、新たな課税を導入するものであった。その後も、常備軍を北米に作るための Townshend Act 1767 など、1760 年代は、植民州向けの立法が相次いだ。

ロードウェイにある Burns Coffee House に集まって対抗策の協議に集中し、黒人問題、奴隷問題は、二の次になってきた[85]。

　10月31日には、ニューヨークの Sons of Liberty の2つのグループが広場（Commons）に集まり、副総督（Lieutenant Governor）の人形を首吊りにし、また彼の馬小屋に押し入り、その馬車（Chariot）を引き出して、汚物をまき散らした（Sons of Liberty とは、Stamp Act が発布された1765年の初夏に、主としてボストンの商店主、工具〔印刷工など〕が、自発的に始めた地下の反英運動団体である）。

　コロニーでの反英運動は、性質上、こうした地下組織にならざるをえなかったが、組織はボストンから始まって、たとえば、"Sons of Liberty of New York" などのように、他の植民州（コロニー）にも広がっていた。

　植民州（コロニー）によっては、この Sons of Liberty が力をつけてきて、Sheriff や警察官の中にまで同調者が出るようになったので、統治代理人（Governor）の中には、一時的に身を隠した者もいた。つまり、革命戦争の10年ほど前からは、白人同士の争い、戦いが前面に出てきて、黒人（奴隷）問題は、一旦背後の方に押しやられていたといってよい。

　Sons of Liberty の彼らが、Fort George 砦のある Bowling Green の方に行進して行くと、イギリス駐留兵らは、砦の城壁（Rampart）の上から攻撃の用意をして待ち構えた。しかし、総督 Gage 将軍は、慎重に対応することにし、発砲を止めさせた[86]。

　(c) 更に市民らは、法律が廃案になったことの喜びを記念するため、1766年6月6日の王の誕生日に、広場に「自由の棒」（Liberty Pole）を立てた。棒の傍らに市民らが掲げた旗には、「王、Pitt、そして自由のため！」と記してあった（Pitt は、「大ピット」のことで、アメリカ人にとっても、イギリス市民同様、自分たちの代弁者と思われていた国会議員、後の首相 William Pitt〔Elder〕のことである）。

85　イギリスは、インディアンなどに備えるための駐留軍を植民地に維持する費用、総督以下の植民地統治のための費用を、現地植民地から取り立てた税金で賄おうとしていた。しかし同法は、植民地全体をひっくり返したような大騒ぎを起こし、Massachusetts から Georgia までを混乱の坩堝にしたため、翌1766年2月20日に廃止法案を通している。
86　一方の Sons of Liberty の連中は、周囲の木の棚を破壊し、それを薪にして火をつけ、馬車や人形などを全て燃やした上で、散って行った（thehistorybox.com）。

この自由の棒ほど、駐屯地のイギリス兵の目障りになるものはなかったから、彼らはある夜、駐屯地を秘かに抜け出して、それを切り倒してしまった[87]。その後、棒は何回も立て直され、最後の自由の棒は、ボストン大虐殺（Boston Massacre）（3月5日）の1か月前、1770年2月2日に建てられたが、市当局が、それを立てることの許可を拒んでいたために、Sons of Liberty の何人かが、その場所の土地を何坪か買って、そこに立てたものであった[88]。

奴隷による「日々の抵抗」（Day-To-Day Resistance）のこととともに、18世紀前半には彼らが時に蜂起して、市当局の白人に、ミリシアに、立ち向かった反乱のことを記した。反乱奴隷への刑は、死刑の執行方法が法定されていない中で、首吊り、火炙り、車による八つ裂き等、気持ちのたけを尽して、報復的に執行されていたことも記した。

革命戦争前夜ともいえる18世紀半ば、ニューヨークの社会は、イギリス王に対し立ち上がろうとする市民らに加え、黒人奴隷への対応も考えねばならず、複雑だった。

（ト）革命戦争下での黒人ら

（a）いざ革命戦争が始まってみると、そしてマンハッタンに駐屯しているイギリス軍の Henry Clinton 将軍が、「イギリス軍の戦線に到来した全ての奴隷は、自由の身分にされる」、との布令を出すと、（多くが、それまで奴隷の）黒人らが、ニューヨークに駐留するイギリス軍の保護の下へと、どっと押し寄せてきた。1780年までででも、1万人以上の黒人が南部から逃れてきて、市内のテントや小屋に寝泊まりしていた、とされている。

彼らは、そこを新しい生活の場として、多方面の活動を広げ出した。イギリス国教 Anglican の集会を開き、祈ることに始まって、結婚、労働、そしてダンスパーティーを開くなどまでである。

87　これを知った Sons of Liberty の連中は、別の自由の棒を立て、見張り役も置いた。それでもイギリス兵らによって切り倒され、また立てるということが、3回も繰り返された後、将校の命令で、イギリス兵による切り倒しは止まった。このような自由の棒の切り倒しと、その再建の繰り返しと、それによる駐屯兵士との間のいざこざが、ニューヨーク市民の対イギリス王国への悪感情を助長したことは間違いない。

88　そこに刻み込まれていた文字は、最早かつての「王、Pitt、そして自由のため！」ではなかった。代わって、「自由、そして財産のため！」（Liberty and Property）である。

　彼らは、今までの奴隷生活からすると、まるで違う、自由な生活をエンジョイし、1780年の新年にはイギリス軍司令官 Clinton 宛てに祝詞まで送っていた。

　一体、何人の奴隷が、こうして自由の身を得たか、正確なところは不明だが、一説には「10万人近いのでは」という（この点でトーマス・ジェファーソンは、「ヴァージニアの主人の下を去ったのが、3万人はいたのでは……」、としている）。

　白人らと同様に、黒人らの考えも2つに分かれていた中で、イギリス王国側につく Loyalists が約2万人と、多数であった。反対に、コロニーの独立を求める Patriots の側につく者は、少数派であった（その中には、イギリス王国からの独立を求める Patriots の情熱を、自らの情熱〔奴隷の身分からの独立〕へ重ね合わせる黒人も存在した）。

　それから時代が下って、植民州民らがイギリス王に対し立ち上がった次の革命戦争（1775〜1783年）の頃になると、植民州そのもののイギリス王からの独立問題が前面に出て、黒人問題、奴隷問題は、人々の意識からは、殊に北部州のそれからは、更に後退していた。

　(b) こうしたニューヨークなどの北部州人が、自らの奴隷問題を片づけることもなく、イギリス国王ジョージⅢ世を、「暴君だ！」と非難することは、「それ自体が矛盾である」、と考えるアメリカ人も少なくなかった。

　市内のプロテスタント教会も、初めて公けに「奴隷制反対」の声明を出している。そんな中、Quaker と Methodist の団体からは、「市議会には、奴隷所有者を代表として送らない」との決定がなされていた。

　ニューヨークコロニーでの奴隷制廃止への動きは、革命戦争前の10年の間も、休みなく続けられた。というより、一段と熱がこもってきた。黒人らによるコロニーの議会宛ての前記のような請願による働きかけに加え、コロニーの独立の大義に積極的に参加しようと、進んで Militia の応募に向かうなどの行動である。

　やがて和平がなり、イギリス軍がマンハッタンを去る日になると、それらの黒人らの中から3000人以上が、今度はイギリス軍とともにこの北米大陸を後にし、Nova Scotia へ移っていった（他にもアフリカ、イギリスなどへ移住し

た）。こうして、1783 年に戦争が終わっても、マンハッタンには、いや 13 コ
ロニーには、依然として奴隷制は残った。

　一方、黒人の自由人の数も増え、市内では黒人と白人との間での、今まで
とは違った共存・競合の意識が芽生えていた。そうした流れが、やがて、後
述のような革命戦争後のニューヨーク州での公式な奴隷解放（廃止）
(Manumission) 運動へとつながっていく（1799 年）。

　少し時代が下って、1865 年になると、同年から発行の全国雑誌、The
Nation も、奴隷問題を客観的に論じるようになり、奴隷が、「南部のもので
あった」、との誤った認識に修正を迫っていた。

　Connecticut 州所在の Aetna 保険会社は、1850 年代という後の時代まで
（つまり、南北戦争直前まで）「奴隷保険」(Policies on Slaves) を発行して（儲けて）
いたことについて、2000 年になって、お詫び広告を出している[89]。

(チ) ニューヨーク以外の Mid-Atlantic 地方

　(a) 北にニューイングランド地方を、南にサウスアトランティック地方を
抱えるこの中間の Mid-Atlantic 地方は、典型的アメリカ的地方とも評され
る。

　その Mid-Atlantic の中でペンシルベニア、メリーランドなどでの奴隷には、
白人との混血の色の浅黒い黒人が多い。それには、次のような背景がある。

　メリーランドは Penal Colony としての姿を保ってきた、と記した。つまり、
古いヴァージニアの一部だったが、ヴァージニアのようにすぐにイギリス本
国にタバコを売る取引をする、などという機敏さは示さなかった。それとと
もに奴隷の数でも、1 つの Plantation 当たり 3 人の奴隷と、他の南部州を下
回っていた。

　メリーランドは、Baltimore 候の George Calvert が、ジェームズ I 世王か
ら与えられた比較的温暖な領地である。彼は、そこでイギリス人の入植者を

89　更に Connecticut 州内の新聞 "Hartford Courant" も、18、19 世紀中に奴隷売買など
　の広告欄を設けていたことで、やはりお詫びをした。また 2004 年には、Providence、
　Rhode Island のブラウン大学 (Brown U.) 学長 Ruth Simmons が、学内の委員会の調査
　の結果、1764 年に建てられた大学の最初の建物が、Providence 地区にいた奴隷労働に
　よって建てられた事実を公表している (thenation.com)。

募集したところ、多くが、ヴァージニアの例に倣ってタバコの耕作に乗り出した。つまり、広い土地と、かなりの人手を要する仕事である。

　メリーランドで、入植者が耕作にかかった時分には、もうヴァージニアでかなりの黒人の働き手が見られた。そこでメリーランドの植民者らも、イギリスからの年季奉公人とも、またインディアンとも契約したが、入植者らは、アフリカ人を一番重宝するようになっていた。

　というのも、彼らは言葉、宗教とも違い、第1に、肌の色からして違っていたが、その母国から遠い西半球に来ていて、どこへ行く当てもなく、保護者もいる訳ではないからであった。

　(b) オランダが、まだニューヨークなどMid-Atlantic地方で存在感を示していた1640〜1650年代には、彼らアフリカ人は、小さなグループで、このアメリカに到着し続け、メリーランドでは1650年代で、300〜400人くらいになっていたろう。

　その頃のメリーランドでのアフリカ人は、まだ奴隷化されていた訳ではなく、白人とほぼ同じ年季奉公者として、そんなに違わない生活レベルにいた例も少なくない。

　しかし1660年代になると、先述のように、ヴァージニアコロニーで奴隷法の走りが制定され出した(メリーランドにもそれが適用される)。

　一方で、白人の年季奉公人の例が乏しくなると、それを黒人が代替するという風になり、その後に出現したような奴隷に近い形が一般化し、新しいカーストが生まれてくる。つまり、1670年代になってメリーランドに到着した黒人らは、自他ともに"Slaves for Life"と見られるようになっていった。

　メリーランドは、1664年にコロニー独自の奴隷法を成立させている。男の奴隷と結婚した白人女性から生まれた子をSlaves for Lifeとする、というものである。これより先、そうした黒人男性と結婚する労働者クラスの白人女性が多かったことに対して取られた措置といってよい。

　メリーランドは、その後の1692年などにも、この種の人種政策的な意味の強い身分法を、細かく定めている。いずれも黒人男性と結婚した白人女性と、その子供に不利な定めをしている(womenhistoryblog.comより)。

（リ）ペンシルベニア、フィラデルフィアの重み

　（a）グレーターニューヨークの南部として、17世紀のはじめ頃から、オランダ人、スウェーデン人などが、その Mid-Atlantic のペンシルベニアや、メリーランドやデラウェアに入り込んでいた（ペンシルベニアに入植者が定着した年として、1682年が特定されている）。

　ペンシルベニアは、独立前の13コロニーでの最大都市、フィラデルフィアを中心として発展してきた。チェザピーク湾から川幅の広い水深のあるデラウェア河を遡っていくと、フィラデルフィアである。

　この水運の便により、1684年12月には、アフリカからの150人の奴隷を載せた奴隷船もやってきた[90]。その前の記録は十分ではないが、1750年の人口構成は分かっており、1682〜1705年の間、フィラデルフィアの所帯で奴隷を所有していた率は、7％未満だった。

　フィラデルフィアは、イギリスやドイツなどの Quaker 教徒やピューリタンらが多く、当初からピューリタンや他の宗教的団体による入植が盛んなところであったから、奴隷制に対しては、好意的な見方をする気風になかった。

　そのうち新大陸での Methodists や Baptists の団体も結成され、更に、第1次大覚醒運動（Great Awakening）が起こってくると（18世紀後半）、「奴隷を解放せよ」、の声が一段と高まった。

　更に、このコロニー向けの奴隷の輸入にかかる輸入税を、地元政府が高くしたことも、反奴隷の世論を助けた（イギリス政府は、それを引き下げたが、その繰り返しが続いた）。その間、ペンシルベニア州内では、白人の年季奉公者などによる労働が増加した。もう1つ、1776年に低地地方の郡（Counties）が、デラウェア州として分離独立したことがある。その時、奴隷のうちの4分の3近くが、同州の下に入った。

　（b）ペンシルベニア州と黒人奴隷との関係での特記事項は、同州が1780年に13コロニー中で初めての（漸進的）奴隷制廃止法（Gradual Abolition Act）

90　ペンシルベニア州フィラデルフィアは、元来が、デラウェア河が河幅もあり、かつ水深もある天然の良港であるため、1682年頃から奴隷の輸入で賑わっていた（フィラデルフィア市内にも黒人奴隷が多く住み着いていた）。

を通していた点である。1780 年で区切って、それ以降は、新たな奴隷が生じないようにした。

　この法律は、ニューイングランドの 6 つのコロニーが皆倣って、それぞれ立法を行ったが[91]、加えてニューヨークコロニーも、少し遅れて、同じような立法をしている。

　ニューヨークの場合、保守的な気風に加え、奴隷持ちの有力者も多くいて、同じような制度の立法だが、ペンシルベニア州より遅れている。

　一方、ペンシルベニア州にはドイツ系のクエーカー教徒の入植も多く、1688 年には反奴隷の請願（Germantown Quaker Petition Against Slavery）も出されてきた（尤も、そのクエーカー教徒の中にも、奴隷持ちが結構いた）。またペンシルベニア州の元の権利者 William Penn も、その農園 Pennsbury で 13 人の奴隷を抱えていた（彼は、1701 年にアメリカを去っている）。

　こうした状況から、ペンシルベニア州は黒人の人口が多い割に、奴隷の割合がそれほど高くない、しかも、それが次第に下がっていったコロニーとして特記される（多くの主人が、奴隷を解放〔Manumit〕したこともあった）。

　アメリカ合衆国としての第 1 回の人口調査（1790 年）で、ペンシルベニア州の奴隷は、黒人の 36 ％に当たる 3737 人だったが、1810 年には黒人人口は 2 倍以上に増えていた一方、奴隷はその 3 ％、795 人に留まっていた。

　(c) ペンシルベニア由来の建国の父祖といえば、まずベンジャミン・フランクリンの名が挙がる。その行動記録を探ると、誰でもその多彩さに驚かされよう。でも、奴隷のことに絞ってみよう。

　彼は 7 人の奴隷を有したが、その他に海外と国内での奴隷貿易で利益を出していたと書いてある。しかし、後には "Cautious Abolitionist" になったという。フィラデルフィアに黒人奴隷の教育のためとして学校（教室）を開設している。

　殊に、1762 年にイギリスから帰国してから、その傾向を強め、1770 年には自らの所有していた奴隷を解放している。しかし、1787 年の 13 コロニーの

91　ニューイングランドの 6 つのコロニーは、メイン、ニューハンプシャー、バーモント、マサチューセッツ、ロードアイランド、コネチカットである。

代表による制憲会議（Constitutional Convention）（そこでは奴隷問題を巡って Heated Debate がなされた）では、いずれの側の議論にも理解を示しつつも、自らは議論に参加することを拒んでいた。

その間、奴隷らと黒人をアメリカ社会に取り込む問題について彼は、いくつかのエッセイを著している。ペンシルベニアとニューヨークのクエーカー教徒らは、1790 年に Congress に奴隷制廃止の請願を出しているが、その理論的背景に Franklin が会長をしているペンシルベニア奴隷制廃止協会（Pennsylvania Abolitionist Society）の応援があった。

（ヌ）18 世紀、北米大陸でぶつかり合うヨーロッパの国々と、ハイチの独立

（a）200 人もの黒人が捕まえられ、結局 30 人が火炙りや首吊りにされるという、上記の 1741 年の（St. Patrick's Day）事件。放火は、上記のように何日にもわたり、断続的に数回行われていたが、そもそもは、砦の一番高いところに立つ、統治代理人 Clarke の建物から火が出たのが始まりであった。

その日はいうまでもなく、この新世界でのアイルランド人らが故国を偲んで、最も力を入れて祝う、「聖パトリックの日」（St. Patrick's Day）である。彼らは多くがカトリックである。故国を抑圧してきたイギリスとの間で、この新大陸での覇権を争っているスペイン、彼らの宗教も、その国教と同じである。

その「スペイン人らが、まだゴタゴタしているこのニューヨークを狙っている……」との噂が流れていた。「法王の采配により、『スペインの物』とされていたこのアメリカ大陸を、再び奪還すべく動いている……」と囁かれていた。

彼らは、かねてからニューヨークの他、Georgia や South Carolina など南部州の黒人に働きかけ、自らの支配するフロリダのカトリックの町、St. Augustine などへと誘引し、連れ出していた。

（b）一方、黒人らの人口急増で、ニューヨークでは、当局が治安上の不安を抱いていること、神経質になっていることは、彼らも知っていた。

何しろ、イギリスとスペインときたら、英蘭戦争の 4 回どころではない、7

回以上も互いの間で英西戦争（第三国を入れた多角的戦争を含めると 10 回）を繰り
返していた。両国はこの時期にも、もう 1 つの戦争をしていた[92]（1739～1748
年）。尤も、途中の 1742 年からは、2 国間の戦争から、より大きな広がりを
持った、オーストリア（王位）継承戦争（War of Austrian Succession）の中に吸
収された形になっている。その一方で、奴隷貿易では、互いに手を組んでい
たところがある[93]。

　（c）ところで、マンハッタンの黒人らの間では、この時期、「ジュネーヴ・
クラブ」（Geneva Club）という秘密組織が作られていた。彼らがジュネーヴと
呼ぶ下級ウィスキーがあるが、それを皆で飲むというだけではない。中心的
な意味は、窃盗団としての組織であり、盗品を換金して分配するための組織
であった。また、その盗品の換金場所は、前述の酒場（Hughson's Tavern）で
あり、その相手（買い主）は、店主 Hughson その人であった。

　ニューヨークの当局も、これらの情報をある程度摑んでいた。放火事件を
機に、当局は、「外国の勢力、殊にスペイン人らが、コロニーを取り戻せない
か、町の様子を窺っている」との疑いを更に強め、「彼らが、黒人らに接近し
ている」、などと警告を発していた[94]。

　この 1741 年の出火騒ぎが 1712 年と違うのは、その 30 年近くの間に、当局
が前記のような、より厳しい黒人法を定めていたことであった（PBS は、この
1741 年の事件では結局、「17 人の黒人が首吊りにされ、13 人が火炙りにされた」、と伝え
ている）。

　厳しい黒人法とは即ち、南部で一般的に行われていたのと同じで、労働の

92　この戦争には、仇名がついている。「ジェンキンの片耳の戦争」（War of Jenkins' Ear）
　　である。戦争のきっかけを作った事件が、イギリス商船の船長 Robert Jenkins が、1731
　　年のスペインの巡視船による検査の際に、片耳を切り取られたことへの仕返しとして、
　　イギリス議会が起こした戦争との説明である。
93　イギリスが、1713 年条約（Asciento Agreement）により、当時のカリブ海の制海権を
　　有したスペインとの間で、奴隷貿易の専売特許を与えられていたことがある（Origins of
　　Slave Trade, historyshomes.com）。
94　Georgia 州の Governor、James Oglethorpe など何人かは、「英西戦争を受けて、スペ
　　イン人らが、あちこちで、黒人らに対し放火などを扇動している。中には、ダンス教師
　　に化けていた男が、犯人と特定されている……」などと警告する手紙を、ニューヨーク
　　当局へ出していたという（teachingcompany.fr.yuku.com）。

ため以外で、3 人以上の黒人が集まることを禁じ、また賭博をしたり、火器を携えているだけで、鞭打ち 20 回の刑、などと定めていたことである（黒人に対する厳しい掟以外にも、主人が奴隷を解放するには、200 ポンドの保証金の提出が義務づけられていたことは述べた）。

(d) その種の複雑な思いを一段と如実に示すことになる、もう 1 つの奴隷反乱が、しかも成功したケースが起きていた。ハイチ反乱、いやハイチ革命 (Haitian Revolution) である。その結果、この国ハイチ (Haiti) が、1783 年のアメリカ合衆国に次いで、何と 1791 年に「西半球で第 2 番目の国家」として (独立) 誕生した。しかも、元奴隷、元アフリカ系の住民らによる国家という点で、合衆国とはまた別の意味、更なる意味も持っていた。

キューバの東に位置するそこは、元来が、スペイン王により雇われたコロンブス (Christopher Columbus) が、1492 年に発見・先占した島の 1 つで、世界で 22 番目に大きな島ヒスパニア (Hispaniola) である。島はその後、ハイチ (スペイン領) と Santo Domingo (フランス領) とに二分されている。

このハイチに対するアメリカの反応、複雑な思いは、そこから来ている。共和国アメリカの指導者たちが (その多くが、奴隷保有者であった)、この西半球で同じ共和国であるハイチに対し取った外交政策は、四分五裂の有様を呈していた。

ハイチは上記のように、元来が、スペイン王に雇われたコロンブスが、1492 年の第 1 航海により発見、先占していた。

その後、フランスの海賊に襲われたり (1543 年)、イギリスの艦隊 Royal Navy によって破壊し尽されたり (1592 年)、更に 1595 年には、スペイン自身が古い港町を全滅させて、強制的に拠点を Santo Domingo と呼ばれる島の東半分に移したりしている。今は西の 3 分の 1 だけが、スペイン領として残った。

しかも、これにはオランダ人が絡んでいた。古い港町を全滅させたスペインの措置は、その地の開拓者らがスペインの禁を破って、そのオランダと秘かに砂糖貿易などをしていたことから採られた措置であった[95]。

その後にフランスを中心とし、イギリス、オランダの海賊らも加わって植

民地の混成した開拓地が設けられたりしていたが、1660年になって、その中からフランスの支配権が頭1つ抜け出して、それ以来、東の3分の2がフランス領のサント・ドミンゴとされていた（1664年には、フランス西インド会社〔French West India Company〕の支配が確立していた[96]）。

このフランスによる支配の下、18世紀のサント・ドミンゴは、1770年の大地震と大津波に襲われながらも、フランスの植民地の中では最も繁栄した地となった。1780年代には、砂糖の40％、コーヒーの60％をヨーロッパへ輸出、「アンティールの真珠」（Pearl of Antilles）として、その好調さがヨーロッパでも広く知られる、カリブの島となった。

(e) この島の膨大な産業を支えていた労働力。それが、1783〜1791年の間の大西洋奴隷輸送の3分の1を占めていた79万のアフリカ系黒人らであった。過酷な労働条件のお陰で、この間サント・ドミンゴでのアフリカ系人口の自然増はほとんどなく、アフリカから大西洋を越えて、常に新しく人を運んで来て、補わねばならなかった。

このことが、この島で働くアフリカ系黒人らに、親アフリカ的風俗の中で、強い精神を長く保たせる働きをしていた。加えてこの島には、カリブの島の中でも混血児を含む自由人が一番多くいた[97]。これら自由人が、土地所有権を否定されていなかったことから、中には、かなりの土地持ちも現れるようになった。

このような自由な有産有色人の数が増えていく中でも、フランス（の現地施政官）は、彼ら（フランス国籍の人間）の中の黒人に対する差別的な法律をそのままにしていた（これらの法律は、17、18世紀を通して形を整えてきたアメリカ植民地〔イギリスのProvince〕での黒人法 Black Code に似た、差別と制限を定めていた）。

(f) 1789年、そのフランス本国で、かのフランス大革命が起こっていた

95 地元の錬産業に必要な塩の輸入をストップした上で、スペインは1605年、オランダとの貿易をしていた砂糖業者に対する壊滅的な措置を、自らの手によって取っていた。
96 1697年のリスヴィック条約（Treaty of Ryswick）により、スペインは、それまでHispanicaと呼ばれていた島の大半の支配権をフランスに譲渡した（フランスは、これをサント・ドミンゴ〔Santo Domingo〕植民地としていた）（wikipedia）。
97 彼らの多くは、フランス人の主人と、アフリカ系黒人女（それを妾〔Concubine〕と呼んだ）との間の子供で、フランス国籍の有色人（Gens de Couleur）と呼ばれた。

（例の人権宣言 Declaration of The Rights of Man and of The Citizen が採択されていた）。

　こうなると、このサント・ドミンゴでの有色人 (Creole) らも、「自分たちは、この人権宣言の下での人権を有するフランス人である……」、との主張を掲げるようになる。現に彼らは 1790 年 10 月、その主張を掲げて、その実現を迫った。現地施政官がこれを拒否すると、仲間らに反乱を呼びかけた（この時の有色人らによる反乱の試みは、容易く鎮圧されてしまっているが）。

　これら有色人らによる反乱の成行きを見ていたのが、アフリカ系の黒人奴隷らである。翌 1791 年 8 月植民地ハイチ (Haiti) の北地区で、「この時！」とばかり反乱に立ち上がった。これが、上に記した「ハイチ革命」である。

　この西半球で、アメリカ合衆国に次ぐ、2 番目の革命により、第 2 の独立国ハイチが成立する。黒人奴隷らによる革命が成功したのであるから、大変なことである。この自由への展開は、黒人奴隷史の中でも、最も目覚ましい1 ページである。

　このハイチ革命は、ハイチの歴史を映して、フランスばかりか、ヨーロッパのスペインやイギリスにも関わりがあったから、すぐ近いアメリカ合衆国のみならず、この両国も介入を試みた。

　フランス本国の革命政府は、この島に新しい現地施政官を派遣してきて、「本国の革命政府は、やがてハイチなどでの奴隷制を廃止するから……」、と説得を始めた。

（ル）へっぴり腰のアメリカ合衆国の対応

（a）アメリカ合衆国のワシントン政権と、野党の民主共和党の代表ジェファーソンとが、右往左往し、矛盾した反応を示し始めたのはこの時である。

　ジェファーソンは、何といっても、自身が奴隷所有者である。アメリカ南部に存在した 100 人以上の奴隷農場 Monti Cello を所有する大農場主 (Planter) 1475 人の 1 人であった。

　彼がはじめ、現地施政官によって代表されるフランス革命政府側を支援したのは、彼自らの立場に適っていた（ジェファーソンが、また大のフランス贔屓で、フランス大革命に心酔していたことは、衆知の事実であった）。

　それでいて彼には、もう 1 つの顔、アメリカの独立宣言の起草者としての

顔がある。その中の 18 項目の箇条書きで、自由と平等を叫び、イギリス王を断罪していた顔である。

そんなジェファーソンは、その間に妥協案も出していた。しかし、現地の状況は 1793 年を中心に、次第に革命側（元奴隷の黒人ら）に有利に展開する。その展開に伴いアメリカの多くの地方港町で、難民問題（Refugee Crisis）も起きてきた。

難民の多くが（多分フランス系の）白人で（これらの白人の中には、黒人奴隷を伴って来た者も少なくなかった）、彼らは、フランス海軍に助けられて島から脱出し、Norfork、Virginia に陸揚げされた後、チャールストン、フィラデルフィアなどの港町へも姿を現すようになった。

(b) フランス大革命の影響は、アメリカ国内でも大きく響いていた。大統領ジョン・アダムスの世に入る 1796 年頃には、こうした難民とともに、フランスや、ひいてはその余波を受けたサント・ドミンゴからの不安定な空気が、時あたかも、建国からまだ 10 年にならない新生国家アメリカに入ってきて、各地で社会が振動することが心配されていた（現に国内にも、かなり過激な言論をしているフランス人などの外人ジャーナリストらがいた）。そこで、彼が議会に提案して、何とか成立させたのが、扇動防止法（Alien and Sedition Acts）であった（1798 年）。

しかし、こと奴隷制度の問題になると、第 2 代大統領のアダムスと、第 3 代のジェファーソンとは、全く反対の立場にあった。アダムスは、1 人の奴隷も持たないばかりか、奴隷制度に反対していた。サント・ドミンゴの白人政権を支える気持ちも毛頭持っていなかった。

反乱する黒人奴隷のリーダーの 1 人となっていたのが、フランス式の名を持った Toussaint L'Ouverture である。アダムスは、L'Ouverture が北アフリカの Barbary States の真似をして、海賊を支援する挙に出ないか懸念していたが、サント・ドミンゴの正常な貿易が、ある程度復活してきたのを見て、最終的に L'Ouverture の側に立って、ハイチ革命を応援することにした。

(c) 一方、1801 年にアダムスの後任の第 3 代大統領となったジェファーソンは、「黒人による白人に対する革命を放置することで、ハイチでの黒人に

よる社会転覆が奴隷大国アメリカに輸出されてくること」、を恐れた。

　そこで L'Ouverture に対する支援を打ち切る方向に変えた。しかも、L'Ouverture の次にリーダーとなった Jean-Jacques Dessalines が、現に多くの白人らを殺人罪に問うているのを見て、更に、これを敵視する方針に変えた[98]。

　いずれにせよ、このサント・ドミンゴ独立の闘いで敗れた宗主国フランスは、財政的にも窮乏した。これが、フランスのナポレオンによるアメリカ（ジェファーソン）に対するルイジアナ買収（Louisiana Purchases）打診へとつながったとされる（以上のような複雑な経緯から、アメリカ合衆国は、ハイチ独立の承認を 1862 年まで半世紀以上も遅らせた）。

(6) ルイジアナ

　(a) 50 州の中で、ルイジアナ（Louisiana）州だけは、フランス法制の名残りの点で、他の 49 州とは異なる歴史を有する。黒人らによる奴隷史でも、他の 49 州とは異なる歴史の意味もある。

　早い話が、奴隷としての黒人の法的地位が、フランス法の影響を受けていることの違いである（郡の呼び名も County ではなく Parish である）。つまりイギリス法系と、ルイ XIV 世による 1685 年の黒人法（Code Noir）の下での奴隷制との違いである。そればかりか、私法（民法）全体を取っても、フランス法系の名残りが強い。

　これは、イギリス法の下と比べると、まだ奴隷をいくらか「人」として扱うようになっていた（奴隷に対し、カトリック教に従わせることの他、夫婦、親子を分離するような処分をしないこと、一定の身体的暴行を禁じること、などである）。

　西欧とのつながりでいうと、今のルイジアナ州を含む広大な土地は、1682 年にルイ XIV 世王の下でフランスによって植民されたが、1763 年、フランスは、七年戦争でのスペインに対する「借り」を返すため、スペインに譲渡してい

98　この Dessalines による白人への殺人罪適用は、フランスの革命政府が、その後、再びサント・ドミンゴの征服を試みたり、奴隷解放を撤回したりしたことに対抗した面があった（history.state.gov）。

た（1763 年の Treaty of Paris による）。

　実はニューオリンズなどは、元々ミシシッピ河の探検の中でスペインの探検家 Hernando de Soto らによって開拓されたことから、そこをスペインが譲り受けたとしても不思議ではなかった。

　その後、17 世紀にフランスの探検家が、ミシシッピ河やメキシコ湾岸を探査する中で、1682 年に自らの王、ルイ XIV 世にあやかってつけた地名から、ルイジアナとなった。

　ヨーロッパでの七年戦争（アメリカではフランス・インディアン戦争）の結果としての上記パリ条約により、イギリス王国は、北米大陸での植民地の領土をミシシッピ河以東で倍以上に広げられた。一方、それまで Nova Scotia など他の北米各地にいたフランス人が、イギリスとの上記和平の条件として、ニューオリンズなどのルイジアナの地に押し込められることになり、そこがより一層、ラテン系の色彩を強めた。

　(b)　このルイジアナと呼ぶ地方は、地理的に元から奴隷が多いところで、少し後の時代、1860 年には人口の 47 ％が奴隷だった。そのこともあり、南北戦争がスタートするや、ルイジアナは合衆国から脱退し、南軍の方に加わっている（1861 年 1 月 26 日）。

　その後、ニューオリンズは（合衆国）北軍によって占領された（1862 年 4 月 25 日）。北軍による占領は、更に再建期（Reconstruction Era）にも継続され、ルイジアナは第 5 軍地区とされていた。

　北軍が引き上げた後の「取戻し期」（Redemption Era）（1877 年以降）には、白人の大農場主らが再び州議会を牛耳り、実質的に人種不平等な新しい州憲法を制定した。その効果は、現代にまで（1960 年代のアメリカ南部の African American Civil Rights Movement まで）及んでいる。

　こうした背景から、ルイジアナでは南北戦争後の再建期になってから、白人による集団リンチともいうべき大量虐殺（Massacre）事件が、1 つならず生じている（1873 年の Colfax Massacre や、その次の 1874 年の Coushatta Massacre）。

　以上、見てきたように、いずれのコロニーにあっても、黒人（奴隷）史は、白人による抑圧との「終わりなき闘争」であった。

II

社会を変えた国家

1. 新生国家のスタートと、奴隷たちの立場

（1）革命戦争の嵐が来るのを感じて

（イ）戦争直前まで割れていた

（**a**）コロニストらは、革命戦争（1775~1783 年）の 10 年前になっても、真二つに割れていた。あくまでも、イギリス王ジョージⅢ世に忠義立てをしたい Loyalists と、13 のコロニーが独立して主権を有することを目指した Patriots である。彼らの頭のどこかに、John Locke が唱えていた自由・平等の理想があり、それに突き動かされていた。

13 コロニーの中で一番小さく、新しく、かつ海からの侵攻にも弱いジョージアは、イギリス王国への宣戦布告で最後になった。しかし、レキシントンとコンコードでの戦いのニュースが入ると、Patriots 色を鮮明にした。どのコロニーも、中心メンバーを Sons of Liberty などと共通の、それまでの Secret Committee が実権を握ったことがある。中でも、有力なヴァージニアが、マサチューセッツコロニーのサポートを表明して、その動きを強めた。

（**b**）無論、黒人らも、白人らの中の分裂を鋭く感じ取って、片や「我が世のチャンス！」と思うと同時に、大変事の予感で落ち着きを失って、イライラしていた。

奴隷が一番少ないニューイングランド地方でも、こうした空気は伝わっていて、黒人らは、「この機に」とばかり、コロニーの議会へ請願書を出している。

「我々も、愛国者 (Patriots) らの大義に殉じます。ついては、奴隷解放を是非とも実現できるよう、お願いします……」、である。その言葉を裏づけるべく、黒人らのかなり多くが、イギリスと戦うために、コロニー (州) や郡などの Militia への入隊を申し出て、受け入れられている。

実際、黒人らによる愛国者的活動が目につくのは、南部でも Mid-Atlantic でもなく、ニューイングランド地方である。彼らは、その前から、例の印紙税法 (Stamp Act) や茶税に反対していて、路上でイギリス兵と小競り合いを繰り返していた[1]。

革命戦争近くなると、コロニストらのイギリス軍への反感は更に高じてきて、1770 年には例の Boston Massacre (1770 年) が起きている。イギリス王国軍の兵士に撃たれて最初の犠牲者が出たが、それは、黒人の Crispus Attucks であった。

(ロ)「自由を求める訴訟」の増加と南北の大妥協

(a) そうした政治意識の鋭い黒人らに、更に反奴隷制への捻りを加えたのが、イギリス本国での 1772 年の著名な判決 Somerset 事件である[2]。

実際、その後の革命戦争に近い年には、黒人らによる「自由を求める訴訟」(Freedom Suits) が増えている。

北部コロニーでは革命戦争前にも、この手の Freedom Suit を起こす黒人が増えていたが、その多くが、Planter を相手としていて、しかも Somerset 事件を引用していた。

19 世紀に入った 1810 年頃からは、黒人らによるこの Freedom Suits が一段と急増した。たとえばミズーリ州 St. Louis で、1807〜1860 年の間に 300 件近い申し立てがなされた一方、ワシントン D. C. では、約 500 件が申し立てられたという（これらの多くが、Trial まで行くことなく、法廷外の和解で解決されたという）。地元の弁護士も、積極的にこうした Freedom Suits に取り組んだとされる (wikipedia.org)。

尤も、そこでも政治を支配していた白人の大農場主らによる妨害が働いて

1　encyclopedia.com での African Americans in The Revolution。
2　Somerset v. Stewart, 98 ER 499 (1772), King's Bench.

いた。そうした訴訟の管轄を州の General Court ではなく、郡内の簡易裁判所と定めさせたことだ。

　地元の簡易裁判所ともなると、そうした大農場主の意向を無視する訳にいかず、陪審員の選別も、その線に沿ってなされるだろう。いや、ヴァージニアなどは 1798 年に、その方向での陪審法の改正まで行っていた。

　こうした訴えの 1 つとして、革命戦争前の 1773 年 1 月 6 日付の Suit はマサチューセッツコロニーの General Court 宛てに提出されている。

　加えて、イギリス法学の権威とされた William Blackstone は、「奴隷制が『自由な社会』に矛盾なく存在しえない……」、式のことを本の中で述べていた。

　(**b**) こうした中、合衆国憲法の作成中でも、奴隷問題が北部と南部の州の間で激しく争われた。その結果として、大きく 3 つの点で妥協が図られた。1 つは、奴隷の人数を 5 分の 3 の白人並みに数えて、連邦議会への代表を出せて、南部の発言力を大きくする点である (I, 1)。

　もう 1 つは、アフリカからの奴隷の輸入問題である。これを向こう 20 年だけ可能とするものの、1808 年からは、それを禁止しようというものである (V)。このような禁止により北部州は、この先、奴隷制が次第に下火に向かうだろうと期待した。

　3 つ目が、逃亡奴隷の捕獲義務を人々に課すことで、奴隷主の財産権を保護したことである。北部州はその逃亡奴隷を、南部州へ引き渡さねばならないと定めていた (IV, 2)。尤も、この第 3 点については、戦後の 1809 年までに北部の 4 州など 6 州は、逆に州の奴隷廃止法の立法を実現させている (ニューヨークだけは、奴隷の子供について、1827 年まで存在できるとした)。

　(**c**) この他、浅南部州では、戦後の 20 年ほどの間に、解放 (Manumission) が大きく伸びたことがある。これらには、穀類の価格が暴落したことを主因として、耕作する作物に変化があった点も大きい。

　こうした解放による増加も働き、1810 年には北部州の黒人の 75 % が、1840 年にはほぼ全員が、自由人となっていたという (wikipedia.org)。

　だがしかし深南部州では、1810 年頃からこれとはガラッと変わった話にな

る（例の Cotton Gin の発明による綿花栽培の急増による）。その結果、その後の 5、6年で約 100 万人の奴隷が、浅南部州から深南部州へ移動し、解放例も深南部州では、ぐっと減少したという。

(d) 前に記した通り、独立宣言と同じ頃から作成が始まって 1781 年に結ばれた 13 コロニーの緩やかな結合体としての基本を定めた「連合憲章」(Articles of Confederation)。

その前に、13 コロニーの北西部に広がる広大な領土を合衆国の中に編入するため、連合が同じく定めたのが、いわゆる北西条例 (Northwest Ordinance) であった (1784 年制定、1785、1787 年改定)。

実は、この北西条例の原案には、ジェファーソンの提案による奴隷禁止条文が含まれていた。「……1800 年以降、これらの州 (新しく編入される 6 州) 内に、奴隷制は存在できない……」という。しかしこの条文は、1 票の差で連合議会で否決されていた。

しかし、1787 年改定時には、それが復活して再び入ってきた。つまりオハイオ河の北西部の 6 州では、「奴隷制が存在できない」、と定められていたのである。

これは、同年にスタートしつつあった合衆国憲法を作る上での大問題の 1つ、奴隷制の処理面を、「既存州のそれのみを考えればよい」、ということにして、うんと小さくできた (tjheritage.org)。

一方で、連合憲章を基礎づける中央の権力に対する強い猜疑心は、連合に収税権を否定していたから、戦後のインフレが、広い範囲の市民に強い不満をもたらした。

1786～1787 年に起こった、いわゆる Shay's Rebellion は、それを表象するイベント、ある意味で連合憲章の欠陥をはっきりさせる行動となった。

(ハ) Somerset 事件

(a) 上記のように黒人らが Freedom Suits を行う動機づけとなった Somerset 事件での被告の James Somerset は、イギリスの税関吏 Charles Stewart によって買われていた奴隷である。1769 年に一旦イギリスに連れられてきていたところ、1771 年に逃げ出したが、再び捉えられ、イギリス領

ジャマイカに向かう汽船内に身柄を確保されていた。

　Stewart は、「ジャマイカの農場主に Somerset を売り飛ばしてくれるよう」、船長に依頼していたが、Somerset の 3 人の「洗礼式の親」(Godparents) らが、人身保護令状（Writ of Habeas Corpus）を求めて訴え出て、事件がスタートした（船長は、12 月 9 日に Somerset の身柄を King's Bench に提出している）。

　裁判は、マンスフィールド伯の William Murray 裁判長の下で、期日延期などもあり、1772 年 2 月 7 日から 5 月にかけて、King's Bench で行われた。

　Somerset のために証言した 1 人は、こう主張していた。「イギリス王国のコロニーの法律では、奴隷制を容認していようが、このイギリス王国 (England) そのものでは、奴隷を容認するコモンローも存在しないし、国会が奴隷制を認める法律を制定したこともない。したがって、奴隷制はUnlawful である。更にイギリスの契約法は、人が自らを奴隷化 (Enslave) するような合意を可能としていない……」。

　他方、Stewart 側は、「財産権は、神聖で侵すことはできない。また仮に、イギリスにいる黒人全て（1 万 5000 人ほど）が、『自由』ということになったら、実際問題として、社会のリスクは計り知れない……」、などと反論した。

　(b) 以上を踏まえて、マンスフィールド伯は、1 か月後の 6 月 22 日に判決している（当初、双方に和解を勧め、それにより Somerset が自由になれるよう試みている）。

　彼が判決の核心部分でいっているのは、「奴隷制というものが、色々な角度から見て、法廷で容認されうるようなものではなくなっている。そのことが、もう十分に長く続き、それをサポートする法理も、失われてしまっている。残すところは、実定法であるが、それを定めた実定法も存在しない。今や、奴隷を力によって閉じ込めて海外へ売り払うような権利を、この王国の法が容認する、そのような議論をする余地はない……その黒人は、自由に解放されるべきである……」。

　この Somerset 判決により、マンスフィールド伯が制度としての奴隷制を違法としたのか、それとも目の前の、「自ら一旦は逃れた Somerset を束縛してはならない」、と命じているだけなのか、必ずしもはっきりしない。

　しかし当時のイギリスでも、この判決を「奴隷制そのものを否定した」、と広く解釈する人は多かった。特に、実際に奴隷制が法定されていた13コロニーなどでは多かったから、判決は殊に、コロニーにいる黒人らによって強烈なインパクトをもって受け止められた。

　マサチューセッツにいた黒人が1773年に、先述のようなPetitionをコロニーの議会に提出したのは、正にその表れである。

　(c) このSomerset判決は、少なくとも判例法が支配するイギリスの国法となる。ということは、その当時 (1772年)、イギリス王国のコロニーであったアメリカでも、これがルールでなければならない。

　現にイギリスは、1764年にAmerican Colonies Act, 1766 (Declaratory Act とも呼ばれる) を制定し、「イギリス国会による法律は、アメリカでも本国でと同じ効力がある」と宣明していた。本国による植民州統括の基本に関わる法律である。

　こうした点の強制が、コロニストらの中のPatriotsだけではなく、多くの奴隷を所有する、本来なら親英の筈の大農場主らの血を沸かせ、独立戦争へと駆り立てた一因となったことも否定できない。つまり、奴隷制否定をルールとして、コロニーに強制しようとする母国対アメリカ人らの対立感情である (Slave Nation という本のReview、2009年6月9日)。

　そうした対立の原因は、無論、第1に、イギリスがコロニーでの駐留軍経費 (これがフランス・インディアン戦争により天文学的に増加していた) をコロニーに負担させたこと、それも母国イギリス国会での、コロニーからの代表なしのまま負担させたこと、にあることは間違いない。

　とにかく、Patriotsらは武力衝突に備えて、駐留イギリス軍に知られないよう、秘かに武器弾薬を蓄えていた (Concordにも、そうした貯蔵庫があったため、そこをイギリス軍に襲われた)。

　このSomerset判決は、イギリスのKing's Benchの判決であり、アメリカの先例ではない。しかし上記の立法の他にも、13コロニーの各設立法の中の1つとして、いわゆる "Repugnancy Clause" つまり「矛盾条項」があり、イギリス法と矛盾するようなコロニーの法律は、作りえないというのがある。

（**d**）ところで、上記の Declaratory Act であるが、その前の大変な不評を
買った Stamp Act を引っ込めるのと引き換えに立法された。Stamp Act が
コロニーから税金を取り立てる法律だったのに対し、Declaratory Act は、
イギリス王がコロニー全体に主権を有し、そこの人民を拘束するどのような
立法も行うことができることを宣言するものであった。

しかし、それはイギリス国会が、如何に新世界の人々が政治的に習熟して
いるかを知らないことを示しているに過ぎなかった。イギリス国会が新大陸
に対して、いわゆる「うるさいことをいわない」Salutary Neglect を採って
いた18世紀前半、コロニストらは、それに対応する形の政治的習熟を獲得し
ていたのであった。

ところがイギリス国会は高姿勢で、ニューヨークコロニーの議会の開会を
ストップさせたかと思ったら、一連の Townshend Act を出すことによって
(1767年)、すっかりコロニストらに母国への不信と警戒心とを植えつけてし
まったのである。

一方、Somerset 判決は、南部州民、殊に大農場の奴隷主にも懸念を抱かせ
ていた。第1に、奴隷らが Somerset 判決のことを知って元気づけられ、中
には「イギリスへ逃げよう」と思う者も出るだろう、との懸念である。

第2に、南部の奴隷制度そのものに、「否定的見方を広げる」、との思いで
ある。南部の大農場主らは、本来的には親イギリスで Loyalists が多かったが、
ただ1つ、奴隷制度を排斥するイギリスに対しては、奴隷主として反感を抱
いていた。

何しろ奴隷制度こそ、彼ら南部州民の生活の基礎をなしていただけに、こ
の反感には根深いものがあった（そのお陰で北米大陸でもイギリス人は、裕福でい
られ、上流気取りをしていられた）。これに対し Somerset 判決は、その基礎をな
す制度を否定し、奴隷主の財産権を全面的に否定していた。

（2）黒人らは双方に参加した

（イ）黒人らの選択

（**a**）13コロニーが独立を求めてイギリス王に向かって立ち上がった時、そ

のコロニーの黒人らはどうしたか？

　大まかな数字しか摑めていないが、イギリス王の側についた白人Loyalists の下に庇護を求めて（解放を期待して）なだれ込んだのが２万人、反対に Patriots の側に馳せ参じた黒人が延べ9000人、という数字がある（これは Patriots の軍、いわゆる大陸軍〔Continental Army〕が延べ20〜25万人とされているから、約４％に当たる）。

　このように両軍の陣営に加わったのは、自由人に加え、奴隷も含まれる（自由人がボランティアの形だったのに対し、奴隷の場合は、大陸軍に反対する Loyalists 側の白人の下にいる黒人を、Patriots の側がリクルートした例が多い）。

　Loyalists 側に逃げ込んだ黒人２万人の多くが、最後に突き動かされたのが、最大のコロニー、ヴァージニアの王室系の Governor ダンモア卿が1775年11月７日に発した「ダンモア声明」（Dunmore Proclamation）である。

　「Patriots の白人（主人）の下から逃げ出して、イギリス軍のために銃を取った黒人には、恩賞として以後の自由を保証する」、との声明であった。これで少なくとも、１万5000人以上の黒人が、ダンモア卿の下に集った。

　その頃、ダンモア卿自身も、ヴァージニアにいては危ない（Patriotsにやられる）と考え、湾内に泊まっているイギリス船に既に避難していたため、彼らは、その接岸地付近に集まってきた。ダンモア卿は、彼らを、イギリス軍とともに、部隊の一部として編成した。

　はじめの１か月で300人が部隊編成された（ダンモア卿は、これを Ethiopian Regiment と呼んでいた）。1776年夏までに、これが800人となるが、多くが戦いではなく、天然痘で死んでいた。ダンモア卿の求めに応じた奴隷らは、必ずしも「イギリス王の側につく」という意識の下で参加した訳ではなかったが、その方が、奴隷解放につながる可能性がまだ大きいか、とは考えていた。

　ダンモア卿の部隊への応募をした訳ではないが、イギリス軍の下に駆け込んだ奴隷らとしては、全部で７万5000とも10万ともいわれるが、その多くは、ヴァージニア、サウスカロライナ、ジョージアから来ていた（トーマス・ジェファーソンの Monti Cello 農場からも、30人が来ていたとされる）。

　(b)「革命戦争」という非常事態の下で、奴隷らの目の前に出現した「自

由へのチャンス」。他方で、兵員のなり手不足に困っているコロニー（議会などの当局）があった。1778年にはそれが切羽詰まったところまで来ていた。

　1つは、ロードアイランド州である。連合からの割り当ての人員を集められなかった当局は、議会がそのための議決をすることで、ロードアイランド第1歩兵連隊 FRIR を、225人中140人の奴隷で埋めることで満たした。

　しかも FRIR の黒人兵らは、勇敢かつ有能に戦って戦果に寄与したことで、その司令官 Jeremiah Olney が、その "Valor and Good Conduct" を讃えていた。そして1783年、サラトガで勝利した部隊を解散するが、その時 Olney は、それら奴隷の兵士を、再び奴隷化して、元の主人の下に返そうとの動きに抵抗した上、奴隷兵士らへのその間の未払い賃金と年金の支給のために尽力している（newyorkalmanack.com）。

　とにかく、この時代の13コロニー内で、白人と全く何らの差別なく黒人を処遇した唯一の社会団体として存在したのが、コロニーの軍隊であった。

（ロ）黒人らの利用で先行したイギリス王国軍

　(a) 黒人奴隷らは、古くから身を投げ出して戦ってきた。13コロニーのために、その後も13の州と合衆国のために。それも、コロニー時代の、1690年頃のインディアンらとの戦いから、たとえば King William's War にも参加している。その70年後のフランス・インディアン戦争ではいうに及ばずだ。

　初期の頃は、大体、部隊編成でも（少数の）黒人が白人の部隊に組み込まれる形であったようだ。名簿のような記録簿には、肌の色の欄はなかった。つまり奴隷も、名簿記載上、差別されていなかった。

　それが、コロニーとイギリス王国との対決という革命戦争になると、黒人奴隷が、その皮切りの戦い、即ちボストン郊外のレキシントン・コンコードから始まって、全ての会戦に参加していた。

　13コロニーには County ごとに、それぞれ自警団のような Local Militia があったが、それには少なからぬ黒人（自由人も奴隷も）が参加していた。

　1770年3月、ボストンの町中でイギリス王国軍第29連隊の兵士らと、アメリカ人らとの間で喧嘩が始まり、5人の Bostonian が殺された、いわゆる Boston Massacre が起きている。

　黒人 Crispus Attucks は、その際、棒を持って出て行って撃たれて、その場で死亡が確認された。革命戦争の最初の犠牲者とされる彼は、奴隷の父と地元 Nantucket（マサチューセッツ州の中央にある）の母との間に生まれている。

　そして、いよいよ 1775 年 4 月 19 日未明にレキシントン・コンコードで、地元の Militia らとイギリス王国軍との間の戦闘が始まると、6 月には、13 コロニーの連合議会の決議により、ジョージ・ワシントンの下で、各コロニーの Militia を中心に大陸軍が編成される。

　（b）ところで、この大陸軍の黒人や奴隷に対する採用方針は一貫したものではなかった。ワシントンは、1775 年の 7 月に Horatio Gates 将軍による命令の形で、「黒人の部隊編入はしない」、と声明していた。

　その 10 月にも、ワシントンは、今度は諮問委員会を設けて、この問題（黒人を兵士として採用するか）を諮問したが、そこでの答えは、「奴隷は一切ダメ」で、黒人（自由人）も、やはり NO！という結論を得ていた（ただし、ワシントンが司令官になる前から Militia に入っていたなどで、大陸軍の兵士となっていた黒人兵が若干いた）。

　ただ、ニューヨークやニュージャージーなど Mid-Atlantic のコロニーでは、黒人を Militia に徴兵することに対してはそれなりの反対もあったが、それでも、「白人の主人の徴兵で、黒人奴隷が代わって出て行く」というケースには、積極的に「黒人奴隷を兵士に」という雰囲気ではなかったものの、よりオープンな反応があった。

　他方で、黒人らはコロニーの白人社会が、Loyalist と Patriots に二分して戦闘状態が近いことを肌で感じていた。それにより黒人らが元気づいた面は否定できない。

　自ら解放して、さっさと主人の家を後にする数が、ぐっと増加しただけでなく（平時なら Slave Laws で罰せられた）、自らの妻子を連れた一家での Runaway を実行する例も少なくなかった。

　その際、丁度、彼らの主人の白人らが、イギリス王に向かっていっている「我々に天賦の自由を与えよ。王からの自由を！」、をそのまま（王を「主人」に言い換えて）叫んでいた。

戦闘状態が近い空気は、奴隷の本拠地、ヴァージニアなどの南部でも、多かれ少なかれ同じであった。当時まだ若い James Madison は、1775 年にヴァージニアで多くの黒人らが集まって、リーダーを選出するなどして、「イギリス王国軍がヴァージニアに現れたら、いざ先陣を務めよう、と構えている……」、などと記している。

　このような動きは、遥か南のサウスカロライナコロニーでも指摘されている。チャールストン港の辺りで、奴隷の黒人らの逃亡がめっきり増え、彼らは一団をなして、中には辺り一帯を支配し出している者もいるという話である。

　しかし一方で、イギリス王国軍は、このような黒人排除の方針は出していないで、同年 11 月には、ダンモア卿（ヴァージニアの Governor）が例の声明を発していた。大陸軍による Williamsburg への攻撃が近づく前に、「Patriots の主人の下から逃げ出して、イギリス王国軍の下に馳せ参じた者は、自由人とする！」、という声明である[3]。

　この声明によりイギリス王国軍は、800 人の兵士を集めることができていて、ダンモア卿は、これを「エチオピア連隊」、と名づけている（尤も、王国派〔Loyalists〕の農園主らは、武器を手にした元奴隷らが反乱に立ち上がることを懸念して声明に反対していた）。

　イギリス軍に比べて、黒人兵の採用の点で、はっきりしない大陸軍の方針に対し、黒人らの中には、「イギリス軍の方に行ってもいいのか？」、などと挑んでいる者もいた。

　しかし黒人兵を採用する案に対しては、南部州、とりわけ南部州の大農場主などの反対は強かった。中でもサウスカロライナ州議会では、そうした提案を否決しているが、そこには大農場主の有力議員が多くいた。

(ハ)　再考する慎重だったワシントン

　(a)　このダンモア卿の動きを見て再考したかどうか、ワシントンは 1775 年末になって、考えを変えていた。「黒人の自由人は、兵士に入れよう」であ

3　このダンモア卿の声明は、実際には奴隷解放宣言であり、そうしたものとしてアブラハム・リンカーンによる解放宣言（1863 年）より約 1 世紀も先駆けたものとなった。

る（しかし、奴隷を兵士にする考えには、依然として踏み切れないで反対していた）。

建国前のこととて、総人口の十分に正確な把握もできていなかったが、40～50万人の奴隷が、コロニー全体での数であろう（当時の総人口の2割に当たる）。このうち、イギリス王国軍について戦ったのが約2万人、反対の大陸軍について戦ったのが約5000人とされている（ニューヨークと両カロライナコロニーには、イギリス王国軍につく黒人は2万人と多かったとされている）。

黒人らにとっての真の決め手は、「自分が自由になれるか否か？」であり、Loyalists か Patriots かではない。コロニーの連合議会も1777年1月に入ると、「如何なる方法でもよい……徴兵（Draft）をして兵を集めよ！」、とコロニーに指令していた。

そこでヴァージニアを例に取ると、1万200人の兵士の割り当てに対し、それに達しない分を埋めるべく、籤引きによる徴兵制を法定し、5月に黒人（自由人）を多く含んだ人数を集めた、としている。その他奴隷は、主人が自らの徴兵義務を免れるために、代わりに出すことができた。

こうして1778年6月のニュージャージーコロニー、Monmouth の戦いでは、約700人の黒人兵が、白人兵士らの中に混じってイギリス軍と戦ったという。

（b）1779年になるとイギリス軍は、William Howe 司令官から Henry Clinton 将軍に交代しているが、Clinton 将軍は、その頃 Hessian の備兵3万人もが到着し、イギリス軍としては兵士に事欠かなかったが、それでも Philipsburg Proclamation を発している。それにより、Patriots の大地主の下にいる奴隷をイギリス軍の方に脱走させ、その力を弱めようとした。

Patriots の主人の下から脱出してイギリス軍の下に来た黒人には、「保護とともに、自由を与える」、というものである。Clinton 将軍は、Patriots がサポートしている大陸軍が資金的にゆとりがあり、底力を有するかのように見えるのは、ワシントン自身がそうだったように、多くの奴隷を抱えて余裕のある南部の大地主が、大陸軍を支えていると見ていたからである。

（c）そんな中で "Black Patriots" というドキュメンタリービデオが話題になっている（2020年2月16日 NPR）。制作したのは、黒人の Kareem Abdul-

Jabbar だ。多才な男で、バスケットボールのプレイヤー、作家、2016 年の大統領による Medal of Freedom の受賞者でもある。

この Black Patriots が描いているのも、副題 Heroes of The Revolution の字の通り、そこに出て来るのは全て黒人で、Writer、Double-Agent、Martyr、そして Soldier などだという。

Abdul-Jabbar 氏は、マンハッタン島北部で生まれ育っている。アメリカの大陸軍司令官のワシントンが、敗軍のイギリス王国軍に最後に対峙したところから近いところである。子供の頃、土中から当時の銃弾 (Musket Balls) を見つけたりしていた。

その Abdul-Jabbar 氏がインタビューでいう。「(我が国の) 歴史書を書いてきた人々は皆、ヨーロッパ系アメリカ人の考えを書いていて、彼らの目的に、その目的のために努力してきたことに、光を当てている。ヨーロッパ系の人でない人についてなんか、書くことにはほとんど何の意味も見出してない。そこには、何の Stake も存在しない、と見るからだ……」、「我が国は White People により、White People のために、建国されたのだ……だから、黒人には、市民権を与えられなかった……」。

Abdul-Jabbar 氏は、自らの制作したドキュメンタリーの中から 1 つの光景を取り出している。1775 年の Bunker Hill での戦いであり、1 人の黒人兵 Peter Salem の上に光を当てている。

そこでは、イギリス王国軍の司令官 Pitcairn 大佐が正に全大隊に「前進！」、を命じようとしていた。その瞬間、白人兵の向こう側から Salem は、自らの銃で司令官 Pitcairn を撃ち倒していたのだ。

この場面は、絵にも描かれているが、Salem は、白人兵の肩に隠れてほんのちょっとしか見えない。しかし間違いなく、黒人の Salem である、と Abdul-Jabbar 氏はいう。

イギリス王国軍は、こうした Salem などからなるアメリカ軍を、本格的な訓練を受けた兵士とは見ていなかったが、両軍とも、7 年にわたる戦いの中で、そのような見方は改めざるをえなかったという。

ここでは一般に、歴史書の中で黒人が描かれることのないことを指摘した

上で、革命戦争の中でも初期の大会戦、あの Bunker Hill での戦いの中での目立たない1人の黒人兵の行動をクローズアップすることで、この国の社会の成立ちを例示している。

（3）北部州中心の解放論者の動き

（イ）革命戦争時のニューヨーク、奴隷制度廃止を巡る複雑な社会と歴史

（a）アメリカの13コロニーが、イギリス王国からの独立のために立ち上がった革命戦争では、かなりの黒人が、ワシントンの率いるアメリカ軍の側で戦った。大陸軍の実数の4分の1が黒人兵士からなっていた。

New England の人々と同じく、ニューヨーク州でも、白人も含め多くの人が、奴隷制に対して快く思っていなかった。

しかし、そこでの人々にとって、何よりも焦眉の急は、目の前のイギリスとの戦争であった。どうやって戦い抜き、最後に勝利して生き延びられるか、である（その後、「独立」できたこの国であったが、独立後に奴隷制が改めて問題になったにしても、その間の戦争中にも、奴隷問題のことまで考えていた人は、ほとんどいなかった）。

それ故、その頃 White Plains で開かれていた、「州憲法を制定するための会議」でも、次の抽象的な短い決議を通すだけに留めた。

「奴隷制を廃止するための、公共の安全に即して最もよいと考えられる措置のための立法を（将来）行うこと」である。

革命戦争の戦禍は、13植民州の中でも、ニューヨーク植民州にはとりわけ重くのしかかった。その「隅から隅までが、戦場と化した」といってよい。それでも1781年には、唯一、「革命軍に従軍し、新生アメリカのために戦った奴隷らを解放すること」、の決議だけはしていた。

しかし、一方で革命戦争自体が、既に植民州の多くを、実質的に内部分裂させていた。中でも南部の農場からは、大量の奴隷らが逃亡してイギリス軍の下に駆け込むなど、戦争は、奴隷制社会をかなりの程度に打ち壊していた（黒人らは、革命軍よりはイギリス軍の方に多くついていた）。

ニューヨークでも、1776年8月末のLong Island大会戦で、ワシントンが率いる大陸軍が大敗北した初期から、1783年12月、イギリス軍の最後のニューヨーク港からの撤退まで、殊に、その期間のはじめにおいて、市内の黒人らは、先を争ってイギリス軍の下に駆け込んでいた（中には、解放約束を貰って、イギリス軍の下で銃を取った者もいた）。

更に1781年にイギリス軍の戦局が傾き、Nova Scotiaなどへ脱出するようになると、3000人の黒人が、イギリス軍と一緒の船に乗って、アメリカを去って行ったとされる。

(b) さて、平和条約の締結（1783年9月3日）から2年後（1785年）、ニューヨーク州議会も、再び奴隷問題について議論できる余裕を、やっと取り戻していた。

Long Islandを拠点とするQuaker教徒らによって、ニューヨーク州内に、「解放協会」（New York Manumission Society）が結成されたのも、この1785年であった。これには、Alexander Hamilton、Aaron Burrなど30人が中心的に動いた。しかし、州議会下院での解放宣言のための決議は、可決できなかった。

というのも、州議会下院での主流派は、奴隷制には反対していたものの、「直ちに解放」、という結論には至っていなかったからだ。「解放せよ」、との大勢に抵抗することはないにしても、問題は、どの程度のスピードで解放するか、であった。

そこでは、急進派と、その他の議員とで、意見が分かれていた。Burrの下での即刻解放を主張する派がいた一方、漸進的解放を唱える議員らも多くいた[4]。

それまで奴隷が混在（しかも、ニューヨークの場合は、多くが混住）してきた社会で、明日から一遍に、全てを同じにすることは、社会一般に与えるショッ

---

4 アーロン・バー（Aaron Burr）（1756～1836）は、ジョージ・ワシントン将軍の部下として、大陸軍のケベック攻撃などに従事し、後に第3代副大統領となった。しかし、（ⅰ）アレクサンダー・ハミルトンと決闘し、（ⅱ）ジェファーソンからかけられた陰謀の疑いによるジョン・マーシャル裁判長による裁判を受けるなど、破天荒な人生を送った。

クが、余りにも大き過ぎるとの受け止め方が支配していた。

　その中で、ニューヨーク州議会下院が何とかまとめられたのは、結局、前年 Connecticut 州で成立していたのと同じような、複雑で曖昧模糊とした、折衷案であった**5**。

　下院と比べると、議会上院の態度はまた違っていた（自由になる黒人らとの競争を恐れねばならない人の割合が、下院議員や、その周辺の人々に比べると、ずっと少なかった）。

　彼らは、注 5 の下院案のように黒人らの権利・自由を制限し、黒人らを、社会の中で事実上のサブクラスとしてしまうことに反対していた。社会の中に、そうした形で別の階層を作ることが、永続的な分断をもたらし、「不満分子の素を作ることになる」、と心配していた。

　このような上院の意見を受けて、下院も投票権の点を除き、その他の公民権の扱い等の上では、階層化を定めないことに同意したので、その折衷案で成立するかに思われた。

　ところが、ニューヨーク植民州政府には、「立法参議会」とでも呼べるような、長い歴史のある特異な制度（Council of Revisions）が存在していた**6**。この中の、Chancellor の地位についていたのが、（建国の父祖の 1 人でもある）かの有名な Robert R. Livingston であった**7**。

　その Livingston が今や、上記の投票権を否定した根本的な不平等案を、上院と同じような理由により、「耐えられない」として、突き返してきた。「こんなことをすれば、セカンドクラスの市民を作ることになり、社会秩序の根

5　本則は、1785 年より後に生まれた子供は自由人としつつ、沢山つけられた付則の中で、主なものだけでも、次の 3 つの権利と自由が否定されていた。（ⅰ）投票権をはじめ、公職に就く資格、（ⅱ）混血結婚、（ⅲ）白人に対する（不利な）証言能力である。

6　Council of Revisions は、総督ないし統治代理人（Governor）、州最高裁長官、参議（Chancellor）の 3 人からなる合議体で、全ての立法を実施してよいかどうか、最後の決定をした。なお、参議とは、コモンローの州最高裁長官に対する、衡平法（Equity）により司法を司る部門の長の意味である。

7　Livingston 家は、いわゆるハドソン渓谷貴族の 1 つで、その中でも Robert R.（1746〜1813）は、独立宣言にサインしているだけでなく、その草案作りにも関わっている、建国の父祖の 1 人で、ワシントン大統領の就任宣誓を司ったとされている（彼の家は、ずっと奴隷所有者であったばかりか、その貿易にも携わっていたことがあった）。

底に、破壊分子を生む別組織を作ることになる……」との言い分である。こ
れを受けて上、下両院は、更に知恵を絞ることになったが、一致した対応を
見出すことができず、結局、この 1785 年法案は廃案になる。

　こんな調子で、ニューヨークの奴隷解放法制は、対応が、他の北部州より
大幅に遅れた（これに対しては、「黒人らとの競合を恐れていた白人層の意見に、議員
らが支配されていたからに過ぎない」、とする見方がある）。

（ロ）保守的なニューヨーク商人ら

　(a) 遅れていたのは、立法だけではない。実際にも、ニューヨーク州での
奴隷制の廃止は、遅々とした足取りでしか進まなかった。それから 3 年後の
1788 年に奴隷売買禁止法が議会でやっと成立するとともに、1708 年から 80
年間存続してきた奴隷専門の裁判所も、漸く廃止された。

　州以下のレベルでも、Albany 市は、戒厳令に違反した奴隷に対する刑罰、
「鞭打ちの刑」を廃止した。これらは、3 年前の 1785 年から活動していたク
エーカー系の団体、先述の New York Manumission Society による圧力が、
大きく利いたこともある[8]。

　同協会は他にも、「主人を訴える奴隷の訴訟費用の支出」などで、黒人ら
を応援していた。

　一方、ニューヨークの社会そのものも、素速いスピードで変化していた。
そのため、今までの奴隷を巡る議論を「時代遅れ」、「過去の遺物」として、
変革を探る方向である。

　中でも、白人移民の増加、出生率、生存率の増加などで、白人労働者の数
が、べらぼうに増えていたことがある。そうなると、黒人らとの競争を心配
する声が一段と高まり、それに対処せねばならない。

　(b) このような状況で紆余曲折を辿ったが、1799 年になってニューヨーク
州議会は、やっと Pennsylvania 州に倣った形の、奴隷制の漸進的廃止法
(Gradual Abolition of Slavery) を可決することができた（漸進的廃止法の下での最終
の廃止は、1827 年に生じる計算であった）[9]。

8　同団体による圧力には、新聞社が奴隷売買の公告で儲けていることに対する反対キャ
　ンペーンや、その絡みで、競売会社や船会社へかけた圧力がある。

　次に、ニューヨーク州議会が奴隷制でアクションを起こすのは、1799 年以前に生まれていた奴隷の解放を定めた 1817 年法である。その法律の下でも、「州内の奴隷が、現実にゼロになった」、などといえる状態まではいかなかった（前注の法律による猶予期間があったことの他、1841 年まで存続した、いわゆる「9 か月法」がある〔この Nine-Month Law の下では、奴隷も含め州外人が、9 か月間は州内に留っていられた〕[10]）。

　このように、色々な制約つきで、紆余曲折を経た上での解放立法であったが、その挙げ句として 1827 年に漸く完全に自由になったニューヨークの黒人を待っていたのは、相変わらずの現実、19 世紀前半のこの町での厳しい生活であった。

　中でも、今まで奴隷としてなら、技能労働者、半技能労働者として（主人のために）働けていた者が、自由な労働市場の競争者となって独り立ちをすると、白人労働者との競争故に、最早、働き続けることができないという現実があった。

　組織化された労働者としての白人らと競争する分、彼らはハンディを負っていたからである。加えて、白人労働者らによる集団的な「嫌がらせ」や、「排除行為」などがあった。

　そればかりか、1834 年には、白人労働者らは、一団の暴徒となって黒人らに襲い掛かった一方、その住宅街に侵入して、何百という住宅を灰燼に帰させている。

（ハ）黒人らによる参政

　(a) そんな中でも黒人らは、新しく獲得した投票権を行使する上で、主として、自分たちが公民権を獲得するまでの間、力を貸してくれた州上院議員

9　この法案は、単に解放のペースが漸進的なばかりか、商人の町らしく、投資回収を可能にするための措置を含んでいた。若い奴隷は、一定期間解放しなくてよいルールで、今いる女奴隷の子は、男は 28 歳（つまり 1827 年になるまで）、女は 25 歳になるまで解放しなくてよい。更に 1799 年 7 月 4 日以前に奴隷であったものは、生涯そのまま奴隷（ただし、呼び名だけは「年季奉公者」〔Indentured Servant〕に変える）とするなどである。

10　ある意味で、この 1841 年は、ニューヨーク州が、この残滓のような制度まで含め、奴隷制を根絶した年といえ、奴隷制を死守しようとする南部州との間の対立激化が、一段と激化する年だ、といえた。

ら（多くが、ニューヨーク州のハドソン渓谷貴族〔Hudson Valley Nobility〕などと呼ばれていた人々である）のことを覚えていて、彼らに投票していた。

また黒人らが一般的に支持していた政党などは、John Jay や Alexander Hamilton などの Federalist であった。

こうした黒人らの親フェデラリストの動きに対しては、Virginia のジェファーソンが率いる民主共和党（Jeffersonian Democratic-Republican Party）の面々が、これを敵視していた（民主共和党は、前から Federalist の信用が下がるような、傷つくような、プロパガンダや逆宣伝を、ニューヨークの白人商人らの間で行っていた）。

投票権を有した黒人らの数は、知れたものであったが、接戦の中では、それが決定票になった例もある。

元からイギリス本国との商売上のつながりの強い商人らが多く暮らしていたニューヨークの政治的土壌に一言すると、彼らは、自然的に王党派（Loyalist）、いわゆるトーリー（Tory）であった。

つまり、心情的にも実利的にも、Federalist よりは、民主共和党寄りの町ということである。これに対し黒人らは、Federalist を支持することが多かったから、商人らとは対立する立場である。

(b) 連邦政府レベルでは（大統領では）、建国以来ワシントン（2期8年）と Adams（1期のみ）の2代が、12年間続いた Federalist 政権であった。既に1801年からは、その連邦政府レベルで、南部の利益代表のような Jefferson が率いる、民を代表すると自称する民主共和党が、Federalist を倒して政権の座に就いていた。

そうした状況下、1815年にはニューヨーク州でも、黒人が投票所に入るには、特別なパスを必要とする法律を通させていた。つまり1799年法により、一旦は、漸進的ながら何とか奴隷解放に踏み切っていたニューヨーク州であったが、Federalist が益々力を失い、黒人を社会から閉め出したい Democratic-Republican の世の中になると、「黒人の権利は、できるだけ抑えておきたい」、との逆方向への動きが出てきたのである。

更に、1821年には、州法である選挙法の改正により、黒人についての資格

要件だけを厳しくしていた[11]。

（4）制憲会議での激しい議論のやりとり

（イ）一気呵成に行った制憲会議

（a）イギリス王国との足掛け8年に及ぶ戦いを制して、新生国家として認められたアメリカ合衆国。初めて国際社会から、そのことが認められた何よりの証拠が、1783年9月3日、パリで調印された平和条約である（フランス、スペインだけでなく、オランダなども、イギリスとの条約を結び、新生国家は、他のヨーロッパ諸国によって暖かく迎え入れられたという）[12]。

合衆国は、次いで自らの基本法の策定にかかった。1787年5月、新生アメリカの基本法を定めるために集まった55人の代表のうち、25人は奴隷持ちであった。

今まであった基本法である、各州の緩やかな連合を定めた連合憲章（Articles of Confederation）の中には、後の合衆国憲法とは違って、奴隷を意味する言葉はなかった。

1787年の制憲会議に出席した南部の代表は、文言中に奴隷制の否定を意味するような言葉が入ることのないように注意を集中した一方、Fugitive Slave Clause の挿入に成功した。

元来が、州の問題である奴隷制を規律する権限を、連邦政府に与えてしまったものの（輸入の禁止など）、制憲会議での交渉は、総じて南部コロニーにとって肌触りのよいものだった。

その合衆国憲法を起草するための Constitutional Convention は、12の州の代表55人（ロードアイランドは代表を送らないと決めていた）が1787年5月に集ってフィラデルフィアで行われている。

そこでは奴隷問題が、2つの意味で大きな問題として浮上した。1つは、い

11　白人についての財産要件をなくす一方、黒人については、100ドルだった財産要件を、250ドル（当時の普通の一軒家の価格）まで引き上げた。

12　この条約には、これらの3国（ともにイギリス王国に対し闘っていた）は、いずれも同じものを個別にイギリスと結んでいる（その第1条で、イギリスの君主は、合衆国を主権国家として確認している）。

うまでもなく、新生アメリカが理念とする人権との絡みであった。もう1つは、統治メカニズムと絡んだ問題で、各州を代表する議員数を何人にするか、それとの絡みで、奴隷をどう数えるか、であった。

　第1の問題は、誰もの心に突き刺さっている問題で、解決が困難である。議場では、それが「奴隷制を容認するか否か」、の二者択一の問題となって突出していた。

　それは、殊に「ジョージアと両カロライナの3州対他の州」、との切羽詰まったやりとりとなった（北部州の中から、「奴隷制は廃止すべきだ！」との主張が出されたのに対し、この3州の代表が、「それなら脱退する！」式の強硬な態度だったからだ）。

　(b) アメリカ史上でも最重要なイベントの1つ、制憲会議。実は、1786年8月に、まず主に通商問題をテーマにする交渉委員会を、ワシントンの家のある Mt. Vernon で開いていた。そこでの少数の州間の交渉がきっかけとなって、「それじゃ13コロニー全体の基本に係る交渉、制憲会議を開こう」、という形になった。

　Annapolis に集まることにしたのがそれであったが、集まりが悪く、翌1787年に改めてフィラデルフィアに集まって、正式に開く運びになった。

　ところで、1787年5月末から9月半ばまで（その間、10日ほどの休会を除き）、一気呵成に法文をまとめたこの制憲会議。最大のヤマは無論、奴隷問題であり、そのルールを定めた奴隷条項である。

　その前に、組織上での最大の問題として、各コロニー間の力の配分をどうするか、つまり13コロニーが、同一の数の代表を出せるのか、それとも、大きな州は、小州よりもより大きな数の代表を出せるのか、である。

　そうなると当然、各州の人口が矢面に出る。そこでの痛い問題が、黒人の人口をどう数えるか、であった。つまり奴隷を、「1人の人」として数えるのか、それとも南部州が扱っているように、「物」として数えるのかである。

　更に、この奴隷問題では、主に南部州が行っていた奴隷貿易の続行を認めるか否かの点と、より根本的に、南部州に存在する目の前の奴隷制に何らかの手をつけるか否かがある。

　前者の点で得られた北と南の間の妥協は、「向こう 20 年間だけ奴隷の輸入を継続できる」というもので、奴隷という言葉は避けたものの、条文中にもそのことが示された（Ⅰ, 9(1)など）。

　以上の奴隷問題こそ、北と南の代表が火花を散らして議論した点であった。しかも、このように13コロニー間で意見が対立した場合、その解決法はどこにも書いていなかった。つまり、意見は分かれたままで、収拾がつかない状態になった。

　北部コロニーの代表らは皆、連合が崩れてバラバラになることだけは、「何としても防ぎたい」との一念でいたから、こうなったら引き下がるしかなかったのだ。

　それでは、制憲会議の場で交わされた、奴隷に係る主なやりとりを眺めてみよう。まず、どの反奴隷論者も、憲法にその意味の（奴隷禁止）条文を盛り込むような提案はしていない。

　そんなことをしても、ユートピアの話みたいで実現できないことが、さもなければ、南部州が連邦に加わらないで、別の国を作ることになる結果が見えていたからだ。その中で、ペンシルベニアの代表 Gouverneur Morris が正論だと思うところを吐いた。

　「奴隷制は Nefarious、つまり極悪な制度だ！　それを行っている States への天の呪いだ！」。これに対し南部州の代表らはいった。

　「この制憲会議というものは、Political Union をどう形作るかを議論することが目的であって、Moral Union を問題にするものじゃない！」。

　サウスカロライナの John Rutledge 代表は、つけ加えている。「ここでの問題は、宗教とか人間性とかではない」。

　同じくサウスカロライナの Charles Pinckney も、「うちの州は、連邦議会が Negro の輸入に干渉できるような憲法の条文には絶対『うん』といわないよ！」、と援護射撃に入る。

　憲法条文の作成者らは、「何よりも大事なことが、コロニーを1つにまとめられることだ。1つの国を作ることだ。そのためには、黒人らの生活に多少泣いて貰うのもやむをえない」、と心に決めていた。

117

憲法の条文にある奴隷を指す言葉は "All Other Persons" だと前に記したが、Ⅰ, 2(3)中のこの言葉は、それが、連邦議会での各州を代表する議員数を決める基礎となることを、また課税ベースたることを示している。

(ロ) 年季奉公制度の不人気

(a) アメリカの議会は、1807年に奴隷の輸入を禁止する法律を定めた。これで、アフリカからの輸入は止まったものの、国内での売買は盛況を極め、奴隷人口も、その後の半世紀で3倍近くに増えている。

上記のような国内での奴隷取引の盛行は、いくつものアメリカ版の「○○悲哀物語」としてあちこちで語られているし、Uncle Tom's Cabin や 12 Years a Slave などの中にも、そうした場面が出て来る。

そうした悲哀物語を表す典型的なセリフが "Sold Down The River"、「川下へと売られて！」、である。この河は、ミシシッピであることが多かったであろう。そこでの Down The River の終点、行き着く先は、悪名高いルイジアナなどにある、深南部の奴隷市場である。

そして、売られていく黒人にとり辛かったのが、売られていく先の新しい主人の冷酷無比もあろうが、それよりも更にもっと辛かったのが、それが血を分けた自らの肉親との永遠の別れとなることであったろう。

奴隷の主人 (Slaveholders) がどんな人であれ、普通人なら、その奴隷から最大の利益を得ようとして、食費にはミニマムの金をかけ、衣や住の費用もできるだけ抑え込むだろう。その一方で、奴隷は、日の出から日の入りまで働かせられるに決まっている。

(b) いくらあっても、足りることのない新大陸での労働力。そんな中で年季奉公制度は、一石三鳥のアイデアに見えた。農村部の次男、三男らにとって、自立の途としてよいだけではない。国としてもメリットが多いし、更に、それらの若者がサインした公正証書 (Deed) 自体も、有価証券として流通し、資金回収ができる。

ロンドンの商人らの中から、それを船長らにつなぐ仕事をする者が出る。それにより若者らは、一銭も所持金がなくても、大西洋を渡ることができる。証書の中では、5〜7年の労働が約束されているから、船長は、その引き取り

手から船賃相当の金を受け取り、その囚人ならぬ若人を、農場主 (Planter) などに引き渡す。

　この年季奉公制度については、イギリスの農村に元から存在したという説もあるが、大宗は、上のようにイギリスから新大陸への出稼ぎのスタイルとして定着してきたもののようである。囚人でなくても、男らにとって、本国での彼らの居場所は多くない。

　(c) アメリカの連邦憲法も、この年季奉公制度の言葉を、選挙人を確定する条文中で用いている (Ⅰ, 2(3))。その部分の定めは、「代議員の人数と直接税は……『人数割』とし、その人数は、自由人 (Free Persons)、それには一定期間の奉公義務のある人を含むが、その他の人 (つまり黒人) の5分の3をそれに加えたものである……」といった意味になっている。

　農村の次男三男にとって、働き口が乏しいそんな時、年季奉公者候補の目の前に現れたのが、イギリス王国のコロニーであった、遠い大洋の彼方の未知の地である。

　そこに厳しい自然と辛い生活が待っていようと、若者は、自由と独立に惹かれた。問題は、当時の大西洋航路の運賃の高さであり、無論、農村の若者らが払える額ではない。そこは船会社や船長の腕の見せどころで、その解決策として用いられたのが、上記の公正証書 (Indenture) である。

　この時代のイギリスでは、もう既に、こうした年季奉公証書も、転々流通できる有価証券としての通有性を備えていたものと考えられる。その中で若者は、新大陸で働いて得る賃金を、予め担保に入れるのである。

　年季奉公制度を操る商人らは、その証書を元に、農場主 (Plantation Owner) へ若者を売り込んで、船賃などを回収する。

　(d) こうした年季奉公者 (Indentured Servants) らは、イギリスの3つの港、ブリストル、リヴァプール、そしてロンドンから新大陸へ向かった (数は少ないが、他に11ほどの港からも出発していた)。

　中では、ロンドン港が一貫して一番多かったのに対し、ブリストルは、17世紀中頃に有名になり、その後の17世紀後半から18世紀はじめには、リヴァプールも多くなっている。乗り込むのは大体、それらの港の後背地50〜

60マイルの町村出の若者らである。

　新大陸では同じ農作業でも、時代とともに少しずつやり方は変わっている
が、労働力に対する需要は、ずっと衰えることがなかったから、年季奉公制
度は消失することなく、1850年代まで約150年間続くのである。

　この年季奉公制の下で、どれだけ多くの若者を集められるかが問題であっ
た。というのも、新大陸の農場は大きく、その数もどんどん増えていって、
常時、人手不足の状態が続いていたからである。

　ここまでの「年季奉公制度」は、マーケットの自律的ルールで決まってい
た。それが1718年に刑事罰として「海外送り」（島流し、アメリカへ送ること）
が決められて、大きく変化する（この法律が、Transportation Act of 1718である）。

（ハ）奴隷貿易は禁止されたが

　(a) 一方、大西洋の荒波を越えることにしり込みする若者もいる中で、や
がて世紀が変わり、18世紀に入ると、アフリカからの黒人を運ぶ商売がぐん
と伸びるようになる。

　そうなると、ポルトガル、スペインだけではない。イギリスも、この商売
の仲間入りをする。それどころか、その商船隊は、18世紀半ば過ぎまで他国
を凌駕するほどに大きくなって、奴隷貿易での世界のリーダーとなっていた。

　イギリスの国内ではしかし、18世紀中を通して、奴隷貿易を疎ましく思う
人が、次第に増えていた（イギリスを今の規模で考えては、理解を誤りかねない。何
しろ世界中で、「日の沈むところがない」、と自負していた大英帝国のことである）。

　イギリスには、一方で、こうした奴隷貿易を担ぐ脂ぎった年配の奴隷商人
群がいたが、他方で、それに対して反対する勢力も存在した。

　(b) しかし、イギリスはそこで、自らによる奴隷貿易を禁止するよりも、
大英帝国内の他の地域での奴隷貿易禁止を優先しようとした。それが、1807
年に出されたSlave Trade Actの法案である（そもそも「奴隷は違法」というの
が、1772年の前注2事件で明言されていたこともあり、純然たる国内での奴隷の例は、少
なかった）。

　加えて1787年にも、イギリスの福音伝道派（Evangelical Protestants）やク
エーカー（Quakers）などは、共同して委員会を作り、イギリス自身が奴隷貿

易に携わっていること、しかも巨大なシェアを占めていることに、声を大にして反対していた。

その声が1807年には、もう国会の中でかなり多数を占める（議席数で35〜40に達した）までになったということである。

しかし、時あたかも、フランス大革命の後の1791年である。過激な変化を拒む空気が強まっているところへ、カリブ海のフランス領の2つの島で相次いで奴隷らによる一斉蜂起の反乱があり、しかも成功していた。折からの奴隷貿易全てを否定する法案は、その年には否決されている。

こうした議会方面で法案提出、説明に立ったのが、ヨークシャー出身のWilliam Wilberforce議員だった。その前から福音伝道派の信仰に拠った活動を始めていた彼は、自らの関わっているグループが、奴隷貿易をストップしようとの活動を行っていたが、1807年以前には成功していなかった。

（二）　白人らは大熱気

（a）南北戦争前の10年ほどを別として、その2、30年前の北米大陸の人々の熱気はもう尋常ではなかった。Manifest Destiny「運命は明白に我々に微笑んでいる」という言葉が挨拶代わりに交わされていた。前向き、前進、楽観主義、拡大主義の一方なのである。

人々は、「我が国は特別だよ！」、「我々には神がついている」、そう信じていて、口々に"Manifest Destiny"と叫んでいたのである。

そんな中、ヨーロッパからの流入民は相変わらず増え続け、白人らが西部へ向けて実際に移住していた。オハイオ、インディアナ、イリノイ、と人々は面白いように自らの地所を拡充していった。その頃、全国的な鉄道と電信のネットワークが丁度つながったことが、その動きに拍車をかけた。

（b）もう1つ、この時期（19世紀後半）での「合衆国の生成」にとって欠かせない出来事、それがいわゆる「ルイジアナ買収」（Louisiana Purchase）である。その広大な土地からは、それから1世紀ほどの間に何と13州もが国土として加わってきたのである（1787年の北西条例〔Northwest Ordinance〕からは、4州が生まれてきている）。

ルイジアナ買収でまず言及すべきは、ミシシッピ河を東端とし、西はロッ

キー山脈までの、合衆国の全体の3分の1に当たるその広さである（当時の合衆国の国土を2倍にした）。

　更なる注目点が、1エーカー当たり3セントというその価格である。もう1つ、このルイジアナ買収がアメリカ人らに与えた変化が、「西方への拡張」という心理への刺激であった。同時にそれは、発足して数年という連邦政府の力と優位を浮かび上がらせた。

　広大な土地所有権もさることながら、アメリカにとって切実なのは、荷物の運搬のためにミシシッピ河を自由に使用できて、ニューオリンズから積出しができることであった。1795年のスペインとの Treaty of San Lorenzo が、それを可能にしていた。

　ところが1802年、スペインがその効力を否定してきたことで、ジェファーソンは Robert R. Livingston をパリに派遣して、フランスからスペインへのこの地域への返還を思い留まるように交渉した。

　その後の交渉と展開の中で、このルイジアナ地域をアメリカに売る話が、ナポレオンから実現したものである。

　領土問題に関連して、首都ワシントンのある「コロンビア地区」(D. C.) でも住民は、強く独立した州としての地位を希望している。2020年夏、下院の多数を占める民主党は、そのための歴史的決議を通しているが、議会の共和党とホワイトハウスは、これに反対している (8月21日 NPR)。

　(c) 更に合衆国の南西部に目を向けると、とても広大なテリトリを持ったテキサス共和国が広がっていた。それが、メキシコ戦争の結果、今や合衆国の一部として吸収された。その後、テキサス州となっていく (1848年)。

　人気の少なかった南西部の広野と違って、そこには、大勢の人々からなる社会が既に存在した。しかし、元来がスペイン領であって、奴隷制は法制化されていない。アフリカ系黒人の人口も多くなかったことから、奴隷の身分の黒人の数は、多くなかった（その後、次第にアメリカ人の流入人口の増加に伴って、黒人人口も増加した）。

　アメリカでの最後の1人の奴隷が自由を得たのが、1865年6月19日、このテキサス州 Galveston の町でのことであったとされ、今日では、それが

Juneteenth として知られ、祝われている[13]。

　この新たに合衆国の一部となった西方地域での奴隷問題に対して、連邦政府は、どう采配を振るったか？　いや采配というにはほど遠い。北部と南部との、とりあえずの妥協でしかなかった (Compromise of 1850)。

　奴隷制度を打破するような抜本的な物では全くない。北部と南部との一時凌ぎ、この2つの間のギリギリの妥協であった。

2. 南北戦争に集約された衝突 （廃止論者と奴隷制擁護論者）

(1) 1850 年代のアメリカ、南と北

（イ）工業化と、領土の相次ぐ拡張による変化

　(a) 上でも触れた 19 世紀前半のアメリカは、第 1 次工業化時代である。この広大な北米大陸の東の端から西の端まで、鉄路が敷かれた[14]。電信網も張り巡らされた。

　大陸のほぼ中央に当たる Midwest、そこの数州が、19 世紀アメリカを代表するような工業都市群のある、文字通りの "Iron Belt" として生まれてくる。

　これらの有体物の形をした資本は、もう 1 つ、目に見えない物を作り出した。金融市場である。それも、各地方を超えた全国規模のものである。お金だけではない。人間も引き寄せたその吸引力は、この新大陸を越えて旧大陸、ヨーロッパにまで及んだ。

　それを示したのが、何百万人という移民の波である。広大な領土と、豊かな資源に恵まれていたことが、その魅力を一層高めていた。

　この資源の豊富なことが、人々の想像を超えるアメリカの工業化を助けた（19 世紀はじめ、たとえばジェファーソンなどは、アメリカを農業国としてイメージして

13　リンカーン大統領による奴隷解放宣言は、それよりも約 2 年半も早く出されていたが、テキサス州は、北軍の前進基地からも遠く、その実現が遅れていた。

14　1830 年代を中心にアメリカで生じてきた鉄道革命ともいうべき変化を下から支えたのが、丁度起こってきた資本の国際化である。ロンドン、パリなどからの投資が、ボストンやニューヨークなどの資本と一本になって、その鉄道投資を支えた。

いた)。

　(b) この工業化で、まず変貌を遂げるのが、いわゆる北東部（Northeast）である。そこには鉄路と電信網に加え、運河も縦横に掘られてきた（水路は湖を結び、北のカナダの海に出られる）。

　そこには 13 コロニーの中でも、最も古くから発展した町、ボストン、ニューヨーク、フィラデルフィアなどがあった。これらのコマーシャルセンターを抱えて、内外からの投資に対して十分な吸引力を備えていた。

　19 世紀 30 年代のこの時期、南部は一面が綿畑で覆われていたが、その綿畑も、よりよい地味を求めて、日ごとに西へ西へと張り出して行った。

　この「新天地がアクセス可能」という考えが、アメリカ人の思考を大きく支配していた。それが、当時のアメリカ人の意識であって、当時、流行った言葉は、アメリカの勢いを示す標語、アメリカ拡張主義（American Expansionism）、アメリカ例外主義（American Exceptionalism）などである（そこには黒人など、少数民族のことは入っていない）。

　裏返してみれば、それは当時の人々が、自分たちが「神に選ばれた者」として、この大陸の主となれた、と信じていたことを示す。彼らは、その運を賛美する言葉、Manifest Destiny などを絶えず口ずさんでいた。

　19 世紀中頃にかけての、以上のような大陸規模の工業化を可能にし、そのためのインフラを作り上げるための前提となったものの 1 つが、エネルギー革命であるが、それが 19 世紀前半、正に起こっていた。

　それまでアメリカ人は、木材（薪）を焚いていたのが、この時代、それが石炭に代わっている（その石炭の生産の中心地も、ペンシルベニアやウェストヴァージニアと、Iron Belt に架かっていた）。ただ、当時そこで働いたのが、黒人奴隷ではなく、ヨーロッパからの移民と、その子供らである。

　一方で、停滞し出した古い産業もある。たとえばヴァージニアやノースカロライナでのタバコ産業である。

　(c) こうして短期間のうちに目まぐるしく発展したアメリカ。北東部、北西部、南西部を含む広い地域にわたり、人、物、金の集積をもたらした（中西部の諸都市、シンシナティ、シカゴ、クリーヴランドが、産業都市として出現したのも

この時期である)。

　それまで農業国だったアメリカ。1860 年までには、それが変貌していた。16 ％のアメリカ人が、人口 2500 人以上の都市に住み、GDP の 3 分の 1 は、製造業に由来するという風に変わっていった。

　こうして農業国から半工業国へ変化する中で、それに必須の労働者層、それを補給したのが、ヨーロッパからの移民である。現に 1840 年代、1850 年代には、アメリカとしての第 1 の移民の Mass Wave を経験する[15]。

（ロ）　変化の乏しかった南部

　(a)　アメリカの北東部や北西部が、上記のように猛烈なスピードで工業化の道を進んでいた時、かつては黒人の 9 割が住んでいた南部は、W. W. Ⅱ の頃までは静かに落ち着き、大きな都市ができることもなく、田園地方のままの姿を保った。

　そこはいってみれば、閉ざされた封建社会のようなものであった。

　南部に来ると、そこは別世界か？と思わせるほど、未だに人種差別の印が見られ、公共の場でも白人と黒人との別扱いが行われていた。

　そうした区別の線を乗り越える黒人らもいるが、場合により、周りから社会的制裁が加えられうる。白人の地主らは、北部には移住したがらず、第一、町には行きたがらない（農村は、どんどん少子高齢化、小世帯化が進んでいる）。

　地主以外にいるのはテナント農夫か、いわゆる Sharecroppers らである。ともに農地を耕しているが、違いは、普通の Sharecroppers なら、自らのものを何も持っていない（地主が、その住まいから道具から種から牛馬から、全てを貸し与える。1860 年代後半からは、白人の中からも、Sharecroppers になる者が増えた）。

　一方、テナント農夫も、同じく自らの農地を持たず、地主から借りるが、道具その他、多くを自らが所有し、収穫物も自ら処分できる。こうした南部では、決済は時により年 1 回、秋の綿花の取入れ時である。

　いずれにせよ、このようにほとんど全てが、「掛け売り」の社会、南部では、

15　この 1840 年代、1850 年代は、丁度アイルランドで「大飢饉」（Great Famine）が起きていた時期である。彼らは正に、ひどい、みすぼらしい格好でニューヨーク港などに上陸してきた。これに対し、19 世紀の労働力の供給で第 2 に多かったのが、ドイツからの移民である。

Cash の出回る必要も小さい。

こうした掛け売り社会、南部では、州法によって農場主が、巨大な力を有することをもたらしていた。テナント農夫や Sharecroppers に対する Credit Line を定めることと、Property を用いて、彼らに対する作用を加減する裁量を有したからだ。

そうした南部の村では、典型的に少数の古ぼけた小中学校があり、更に、多くの教会があるが、ハイスクールとなると、都市にしかない（学期も、南部では他所よりも短いし、生徒1人当たりの予算も、全国レベル以下である）。尤も、こうした Black Belt は W. W. II 以後、崩れてきた。

1840 年代、1850 年代、30 州余りからなる連邦政府全体のうちで感じられた力、エネルギー。それは、南部州からの奴隷力、Slave Power ともいうべき、体制の持つ底力であった。

それらの南部州には、最上層に少数の巨大農場主一族がいた。どれも 1000 人近い奴隷を抱えていて、注目すべきは、彼らが地元郡ばかりか、州レベルでも政治力を持っていて、州議会の多数与党として政治を動かしていたことだ。

大農場主は、コストのうんと安い奴隷労働から大きな利益を得ていて、その利益を、更に西方の農地を買うために、またそこで働かせる奴隷を買うために充てていた。

そこにあったのは、白人が黒人を使役し支配するばかりか、外（他州や連邦）に向かっても、強く自己を主張する社会だった。

だが、こうした大農場主は、南部でも例外的存在である。大部分は、ファミリーでやっている、どうにか自給自足の生活をしている程度の小さな規模の農場である。

アメリカの南部州には、警察（Police）などというものはなかった。「コロニー時代だから、1600 年代だから、なかった」、だけじゃない。19 世紀中頃までもなかったのだ。

代わって、かつて存在したのが "Slave Patrols"、つまり村人（白人）による見張隊である。黒人を取り締まるための「自警団」のようなものである。

まず「見張ること」。そして違反した黒人に対し体罰を加えること。これが、村の白人ら全員の仕事であった（何しろ黒人らは、18世紀、19世紀になってアフリカから連れて来られた「よそ者」であり、人種が違う）。

(b) 南部州はしかし、南北戦争で負ける。それにより Slave Patrols によるこの見張りも消滅するが、村人（白人）らによる実力行使を伴った黒人に対する抑圧は、より巧妙な方法で引き継がれていく。

そのための道具が、南部州のいわゆる "Black Codes" である。Mega Bill とも呼ばれるこれは、ありとあらゆる黒人の所作を、刑罰が科される犯罪として、細かいところまで列挙していた。たとえば、その辺りでぶらぶらしてもいけない（いわゆる Vagrancy Laws）。

なるほど、その間の 1865 年の改正憲法（修正ⅩⅢ）では、刑罰として以外に、奴隷制を廃止していたから（Except As Punishment for a Crime）、この解決が、正に 100 点満点の答えだった。

それでもまだ、警察制度を Create するところまで行かなかったから、この Black Codes を執行したのは、自警団上がりの KKK などであった。「こうした実力行使をする Ku Klux Klan などの団体のいる南部州にはいられない」と、トータルで何百万人という黒人が、南部州から逃げ出した（Great Migration）。逃げ出す先は、北部州などの都市（シカゴやニューヨーク）であった。

(c) しかし、そうした北部州の都市には、逆にプロの警察組織ができていた。彼ら警察の仕事も、外からの流入者（はじめはアングロサクソンらより、いくらか下流とされたアイルランド人）を取り締まるために作られたものであった。

次に時代が経つと、彼らアイルランド人が、今度は、より新参者のポーランド人の取り締まりに回った。つまりアメリカでは、警察の発生・存在そのものが、先着組が後からの参入者を取り締まるための、こうした人種別の階層化を裏づけるための制度であった。

そんなポーランド人やアイルランド人の住む町に黒人がやって来たとしよう。どちらが取り締まる側に回るか、明らかであろう。たとえば 1 人のアイルランド人が、人の家先に火炎瓶を投げつけたため、警察が呼ばれるが、警察は、そのアイルランド人ではなく、黒人の方を連れ去る。

（2）解放令と憲法改正

（イ）最大の論点、奴隷を巡るリンカーンと Stephen Douglas との歴史的議論

（a）さて、一旦、戦前に戻ると、リンカーン大統領が当選し、その下での1860年が終わる前に、サウスカロライナ州は合衆国からの脱退を表明、年明けとともに、これに6州が続いた。テキサス、ジョージア、フロリダ、アラバマ、ミシシッピ、そしてルイジアナである。そして Confederate States of America を結成した。

この Confederate 軍は、いち早くサウスカロライナ州チャールストンにある合衆国軍の軍事拠点 Fort Sumter を攻撃した（1861年4月12日）。その要塞は、1812年のイギリスとの戦争を受けて築かれていたが、工期の遅れで未完成の状態であった。

この攻撃の後、南では更に4州（ヴァージニア、テネシー、アーカンサス、そしてノースカロライナ）が合衆国から脱退した（ここでは、黒人奴隷に関わることを除き、南北戦争そのものの話は割愛する）。

リンカーンが奴隷制の拡大に反対でいる一方、15の奴隷州への対処の仕方では、慎重に進めていたことを記した。また、リンカーンと Stephen Douglas 判事とが1858年に、それぞれのキャンペーンで、7つの選挙区で、奴隷問題を含め7回演説したことも述べた。

リンカーンは、その頃、結成されてきた共和党に入ったが、Stephen Douglas 判事は民主党の候補であった。この2人は、その政治の手法においてだけでなく、自由とか平等に関わる取り組み方においても違っていた。

即ち、リンカーンはいわば真面目に、自由とか「平等」を、人間の価値の根底として捉えていた（Douglas 判事は、それらのことも、州民の多数が決めることだ、式の考え方をしていた）。

このように、原理的に物事を考えていたリンカーンであったが、奴隷制については「南部州で大きな社会制度ともなっている」として、「連邦がそれに手をつける」、とはいわなかった。

　ただ彼は今後、拡大する合衆国の領土に伴い加入する新州について、奴隷制を抑制することは公言していた。そんなことから、南部州は、リンカーンを奴隷制反対論者と見ていて、1860年以降、次に見るように、合衆国からの分離を宣言することにつながっていく[16]。

　(b) 10年以上も前からのMissouri Compromiseなどを考えれば、いや、その他でも、色々重ねられてきた連邦議会レベルでの政治工作と妥協の苦心の跡を振り返ると、もう半世紀もの間、ずっと答えが出せなかったこの問題、「奴隷制」。果たしてこの問題、当時のアメリカが、力以外の方法で解決できたか？

　1858年の議会上院議員のための選挙のキャンペーン中、未来の大統領リンカーンと、州最高裁判事でもあったDouglasとは、9つあった選挙区の中の7つで、公開討論を行っている（当時の議会上院議員は、州議会によって選ばれる仕組みになっていたが、2人は自発的に公開討論を行っていた）。

　奴隷制をどうするかの問題と、それに各州がどう対処するか、殊に、それと新州の連邦加盟問題とをどう絡めるか、それが中心的議題であった。

　その中でリンカーンは、奴隷制をMoral Wrong、道義的に「悪」であり、アメリカ建国の精神に反する、つまり建国の父祖らが抱いていた理念に反するものだとし、「連邦政府こそが、この悪に対抗して、よい方向に持っていくことができる」、と主張していた。

　その一方で、そこにあった奴隷制は、南部各州法上のものだったから、リンカーンは、南部州に向かっては、「今ある奴隷制に干渉するつもりはない……」、と述べていた。更に、北部州に向かっては、「自分も人種間の全くの平等論者ではない」こと、を述べていた。

　この時の2人の争いは結局、Douglasの方が州議会によって1859年1月に議会上院議員に選出されて、リンカーンの敗北で終わっている（しかし、この時できたばかりで、リンカーンが所属する共和党が、Douglasのいる民主党を上回る票を

16　リンカーンは、1854年という早くからイリノイ州Peoriaでのスピーチで、次のようにいっていた。80年近く前に「全ての人は平等に作られた……」、と宣言したのに、今では「自治権の1つとして、人を奴隷にできる権利がある、などといっているが、2つは天と地の違いであり、並び立たない……」。

得ていた）。

　しかも、それまでまだ知名度の低かったリンカーンは、この選挙演説を通して、イリノイ州だけでなく、北部州の多くで有名となり、やがて大統領候補として浮上する糸口をつけた。

　(c)　しかし、工業化と領土の拡張が相次いだこの19世紀前半も、奴隷問題の切実さが、国民的レベルで消失したり、その力を減衰したりした訳ではなかった。

　それどころか、国土（Territory）が西方へ西方へと拡大するにつれ、新州が合衆国の一員として認められるかどうかを、議会が審査するに当たり、「そのテリトリが、奴隷制を許容する州として加盟してくるのか否か」、が南部州にとっても、北部州にとっても、大問題となってきた。奴隷制の問題を別にすると、新州が合衆国の一員として認められるための条件として、そこ（その州）が（ヨーロッパ系）白人により英語が話されている地か、アメリカ的な価値観が思想体系をなしている地か、といったことが基準とされた。

　この意味の（北米大陸からの）最後の申請として19世紀末に残ったのがニューメキシコとアリゾナ州である（2州とも、1912年に加盟している）。

　ニューメキシコは、「テリトリ」としては1850年に合衆国の一部となっていたが、白人による入植という点では、アリゾナ州の方が先行していた。問題は上記のように、Was The State White?（That Spoke English?）であったが、ニューメキシコでは、元来がメキシコ人が大宗を占めていた。

　それよりずっと以前の、30州に達するかどうかの19世紀前半のアメリカ合衆国。そのテリトリ拡張は、まだまだ終わりではない。このテリトリ拡張に伴うもう1つの大問題が、「その州が奴隷州か否か」、であった。

　それが、新参州の合衆国加盟要件として、もう1つの中心問題となった。新参州が奴隷州かどうかにより、南部州と北部州との間の勢力図が影響を受ける。連邦政府の三権分立の建前の力関係の中で、比較的に大きな権力を握る議会上院は、各州2票（2人の上院議員）ずつが、その意思決定のルールである。

　この点から奴隷州と自由州の数が拮抗していること、そのことが、南部が

安心していられる数値であり、1850 年には 15 対 14 と、自由州の数が 1 つ上回っていただけだったものが、1860 年には州の数は 34 に達していたものの、奴隷州は 15 と以前のままで、自由州が 19 に増えていた。南部は、これに懸念、危機感を強めていた。

そのため、新州の加盟問題に絡めて、この問題（自由州か否か）に一段と神経質になって、奴隷問題を巡る南部州と北部州との交渉と妥協は、Missouri Compromise of 1820, Compromise of 1850、Kansas-Nebraska Compromise of 1854 と、議会でも大変な激闘が繰り広げられてきた。

無論、そこには当の奴隷（黒人）の参加はなく、その（黒人の）声を反映させるための努力すらないが、問題の大きさ故に、議会が上記の Compromise of 1850 を中心とする大妥協に、大変なエネルギーを費やす理由となった。

（d）上記の南部と北部の妥協の中でも政治的に最も意味を持っていたのが、合衆国に加入を希望する新州につき、奴隷制を採用している奴隷州と、そうでない自由州とを、同じ数で認めるルールである。

別に憲法で定めた訳でもないが、これにより南部は、連邦議会上院での議決で、ずっと北部と対等を保ち続けられる。しかし、この不文律によっては、実体としての北部の強さ、優位をストップできない。

現に北部がどんどん工業化し、ヨーロッパからの安い賃金労働者によって人口増を実現するとともに、憲法の定めにより、下院の議員数を多くできていた。これが南部をイライラさせ、不安にさせた。

このため、1840 年代の末近くになると、たとえばミシシッピからの上院議員 Jefferson Davis は、これにより「北が、南部の犠牲において肥大化する、連邦議会が、そのためのエンジンとなってしまう！」、と非難した。こうした互いの疑心暗鬼を示す言葉こそが、当時の政治を理解する上で鍵となる。

この Compromise of 1850 は、妥協案作りで当時、民主党の名人とされた、Henry Clay が用意したもので、カリフォルニア州の連邦加盟条件の他、逃亡奴隷に対する一般人の逮捕協力義務化など、5 つの妥協項目からなる。

最大限に分断されていた奴隷擁護派と奴隷解放論者らとの間の決定的な分裂を避ける使命を託されていたこの Compromise of 1850。「内戦を完全に回

避することはできないだろう」、との予測がされていたが、歴史に見る通り、その予言通りとなった。

（ロ）　南部の分離と、攻撃開始

　（a）そんな南部が、我慢の限界点に達していた 1860 年、それまで必ずしも有力視されてなかった（南部ではほとんど一般票を獲得していなかった）、「奴隷制には反対らしい」リンカーンが、大統領に当選してきた。

　サウスカロライナ州の議員などは、予め、「もしリンカーンが当選してきたら、合衆国から脱退する」、と言明していたが、12 月 20 日に早くも、脱退が実行された。

　年が明けて 1861 年の 1 月と 2 月に、他の奴隷州 6 州が、このサウスカロライナに続いた。他の 8 つの奴隷州は判断を留保していたが、その間、先の 7 州は、アラバマ州都モンゴメリに集まって、合衆国とは別の中央政府 Confederate States of America を形成した。

　その間、奴隷制に好意的な前任の James Buchanan 大統領は、「自分には、もう何らの新しいことをする権限がない」として、引き継ぎ前の 4 か月間、何もしなかった（南部連合はその間、中央政府のあちこちの要塞や弾薬庫を占領したりしている）。

　リンカーンは就任するや否や、態度を留保していた 7 州に対し、態度をはっきりするように促すと、ヴァージニア、アーカンソー、テネシー、ノースカロライナは、それぞれ議決により南部連合側に入ることを決めた。

　（b）南部連合は、中央政府の要塞や弾薬庫を攻めたものの、元来が、北を滅ぼすつもりも、そのための軍事的用意もなかった。ただ、北と分かれて自ら（11 州）の国（もう 1 つの、白人が支配していられる合衆国）を作りたかっただけである。

　そこには、近代的な機械産業もなければ、それを支えるインフラとしての、よりよく整備されうる鉄道網などもなかった。

　こうして実質的に見れば、正に奴隷問題を焦点として起こってきた南北戦争であったが、これに対し北の合衆国側は、当初は、別の表面的な理由をつけていた。即ち「合衆国の分裂を繕い、その統一体としての形を維持、取り

戻すため」である（これに対し南部は、名実ともに「奴隷制度を死守するための戦い」、と観念していた）。

（ハ）　南部の大義

（a）　もう１つ、南北戦争の誘因となったのが、「南部気質」とでもいおうか、Southern Nationalism である。別言すれば、南部人らが、「自分らこそが、本当のアメリカ人だ」と、各自「大義」(Cause) を抱いていたということである。

それには、南部の奴隷制の上に立った社会・経済への依存と、そのライフスタイルへの信奉がある。この南部の大義には、多分に思想的、精神的なものがあって、生き方、信条のレベルにまで上っていた。単なる州権論 States' Right とも違う。

それは、かなり根本的な線であったから、南部に行くと、全国的な Issue は、全て南と北の問題に分けられ、組織も分けられ、別となっていた。たとえば政党、教会組織などである。その中で奴隷制は、正にその南部の本質をなす要素とされた。

北の合衆国から分離した南部連合、その副大統領となった Alexander H. Stephens は、宣言していた（1861 年 3 月 21 日）。

「この新政権が、その基礎としているのは、『Negro は、白人と同等ではない。白人の下位にある』、という自然かつ正常な事実である。この政府は、この自然学、哲学上の事実、そして Moral Truth の上に建てられた、その点で史上初の政府として成立した」。

（b）　サウスカロライナ、ミシシッピ、ジョージアとテキサスの、先の 7 州に後から加わった 4 つの新南部州は、いずれも州としての正式な宣言書を公表している。北からの分離理由を、「奴隷主の権利が危うくされたこと」、としている中でジョージアは更に、「合衆国の側は、全体として北に有利なように事を運んできた」、と非難していた。

またテキサス州の決議では、「各州政府は、いずれも白人のみによって建てられ、自らの利益と繁栄のため設けられたものである」、との点を主張していた。そのため、「奴隷制を廃止することは、奴隷制を採用する 15 州が所

与のものとしてきたその白人社会に、得体の知れないほどの災禍をもたらすだろう」、としていた。

　南部連合としての正式な声明としては、1861 年 4 月 29 日、南部連合の大統領 Davis によるものがある。分離の理由として奴隷問題とともに、もう 1 つ関税（Tariff）を挙げていた。

　浅南部 4 州、ヴァージニア、アーカンソー、テネシー、ノースカロライナは、Fort Sumter での攻防戦まで、合衆国からの分離を表明するのを遅らせていた（奴隷制を採用する 15 州のうち、南部連合は結局、はじめの 7 州に、後から 4 州が加わり、メリーランド、ミズーリ、デラウェア、ケンタッキーの 4 州は、合衆国の側に留まっていた）。

　(c) ヴァージニアは、最初から戦争の中心地として誰もの念頭にあったし、実際にも成年男子人口にしても、そこには最大の数がおり、その他の資源、インフラなどの物質面でも、一番豊かであった（そのヴァージニアの首都 Richmond は、南部連合の首都ともなるが、その名は、1861 年 5 月 30 日に新たに決定されたものである）。

　各州の内部で、Confederacy と Unionists とがいて、時には表立って大々的な闘争を繰り広げた。その 1 つ、テキサスでは、南部州の中でも Confederacy への支持が一番弱かったが、それでも多数を占めていた。Cooke County では、150 人の Unionists が集められ、リンチされたり、処刑されたりした、と伝えられる。

　いずれにせよ、戦争の期間、北でも南でも、「自由の気」は乏しかった。リンカーンも、Davis も、文句を唱えるものには厳しく当たった。

　中でも Confederacy は、事実上 Police State と化していた。警官の見回りがひどく、パスポートも発行されていた（4000 人以上の Unionists が、何らの裁判もなく、拘束されたという）。

(3) 南北戦争後の再建期と黒人らの関わり

(イ) 奴隷解放の大統領宣言と北の黒人部隊

　(a) リンカーンはかねてから、（ⅰ）漸進的解放（Gradual Emancipation）、

（ⅱ）奴隷主への代償の支払い、（ⅲ）黒人らの国の造成と、そこへの移民、の考えを支持していた。

　しかし、この宣言には、そのことは一言も出てこない。彼の解放宣言が呼びかけていたのは、あくまでも敵方、南部連合の11州内の奴隷主らであった。彼らは元来、北のリーダー、リンカーンのいうことなど聞く訳もなく、解放の効果はゼロといってよかった。

　にもかかわらず、この解放宣言の戦略的意味は大きかった。既述のように、この戦争の意義を明確化したことに加え、イギリスやフランスの、それまでの親南部連合だったスタンスを変えさせたからだ。

　更に、当の黒人らに対する効果は抜群で、多くが、北の支配下にある地域、その１つとして、ヴァージニア州内の Fort Monroe などに駆け込んだ（そこの将軍、Benjamin F. Butler は、これら黒人を戦利品〔Contraband〕として扱い、連邦の法律 Fugitive Slave〔逃亡奴隷は、元の奴隷主へ返さねばならない〕には従わなかった）。

　(b) この戦時中の宣言だけでは、何らの法的に永続する制度は生じなかったが、戦後、修正ⅩⅢが批准・成立させられ、奴隷廃止が恒久的な法律として確立された。

　彼ら元奴隷は、この戦いに勝てば、何世代も続いた自分たちの奴隷身分を終わらせられる、"Freedmen" になれると悟って、死に物狂いで戦った（逆に、「北が負けるようなことがあれば、自分たちは永久に奴隷化される」、との思いがあった）。

　そのような訳で、連邦議会は 1862 年 7 月 17 日、合衆国軍のために、いわゆる "United States Colored Troops" の編成を可能とする立法を行っている（しかし、United States Colored Troops が実際にスタートしたのは、リンカーン大統領による、例の奴隷解放令が出された 1863 年 1 月 1 日の後であった）。このための役所、Bureau of Colored Troops も、1863 年 5 月に設けている。

（ロ）　革命的変化の再建期

　(a) この戦争は、白人男子を主とする 70 万人近い犠牲者を出しており、アメリカ史最大の惨事となったが、世の中を大きく変えたことは間違いない。

　再建期（Reconstruction Era）に合衆国としてなすべきことは何か？　北の共

和党からは、まず奴隷制の廃止があった。そして黒人らを含め、全ての人に
合衆国の市民権を与え（これは議会が用意した修正ⅩⅣに賛成、批准することである）、
投票権を与えたことがある。

　奴隷だった黒人らに市民権と参政権を与えて、黒人自らも、史上初めて後
記のように、連邦、州、それ以下の自治体などの公職に就いた事実は大きい。

　そのことを法制上で見れば、奴隷制を禁止した先の修正ⅩⅢに加え、修正ⅩⅣ
と修正ⅩⅤとにより、元奴隷に市民権と投票権を与えている。

　これは、「アメリカ人（市民）とは誰か？」、の定義からして変えた、アメリ
カの憲政史上最大のイベントとなったものであった。

　これとは別に、黒人の社会的、政治的な活動レベルを引き上げるのに働い
ていたものに、その教会活動がある。連邦議会で初の黒人の上院議員となっ
た Hiram Revels も、そうした教会絡みの仕事に携わってきた人である。

　(b) 以上のような史上初の大改革が行われたのが、再建期である。そこで
は、合衆国軍が南部に駐留して、武力で白人らの憤懣を抑えつける措置を採
るという、これまた稀代のことが行われている。

　戦争中、一旦、合衆国を離脱していた南部11州は、元通り合衆国の中に受
け入れられた。即ちリンカーンは、敵となって戦った11州を許して、元の合
衆国という懐に受け入れたのである。それとともに、そうした11州に多くい
た400万人の奴隷が、新たに「人」として、合衆国市民として、その成員と
なったことは大きい。

　これらは、上記の憲法の修正条文に加え、連邦議会による立法（それは、主
に北の Radical Republicans が主導して行われた）により、中でも、Reconstruction
Act of 1867 によって裏づけられた。

　その後、1868年には、この間の変化の柱となる Civil Rights Act が
Andrew Johnson 大統領の Veto を乗り越えて成立する（同じ1868年に、憲法修
正ⅩⅣが批准されて成立した一方、黒人らにも同じ市民権を与えた連邦法、Civil Rights Act
of 1866 は、1870年に成立している）。南部を社会的、政治的に改革しようとする
共和党多数の連邦議会によるこうした姿勢と、度々対立していた Johnson 大
統領は、1868年に議会によって弾劾されるが、その弾劾裁判では上院が、僅

か1票差で大統領の失職を防いだ。

（ハ）大変革の基礎となった奴隷解放宣言

（a）奴隷解放宣言（Emancipation Proclamation）。リンカーンは早い時期から、この解放宣言を発令することを考えていた。余り早過ぎてもよくないだろうし、色々な情勢を判断して、ベストなタイミングを探っていた[17]。

これは宣言、令などのタイトルであっても、「大統領令」(Executive Order, E. O.) として、法令の1つである。リンカーンは1862年9月22日に、これを予告していて、350万人からいる南部州内の奴隷を自由人にする効力があった（年内に解放しなければ、年明け1月1日には強制的に行う、と南部の奴隷主らに警告していた）。

そのため、この宣言のことを聞いた奴隷らは、北の合衆国の陣地目指して駆け込んだ。

（b）「大統領は、各州内の奴隷を解放して自由人にすることの権限があるか？」、そう自問した彼は、「ない」と考えた（つまり、それは各州法の問題だ、と考えた）。その代わり、軍の総司令官として、敵への命令として、こうした宣言を発しうると考え、上記のE. O. でそれを行ったのである（その前にワシントンD. C. 内の奴隷に対しては、一部代価を支払う形での解放を行っていた）。

リンカーンは、この宣言が南部、その奴隷主、奴隷、一般人に与える、また北部人ら、中でも北軍の兵士らに与える影響を考え、またそれらの人々が各自どのように反応するだろうかと考え、そのタイムライン、その他のやり方を練っていた。

その中で、解放論者（Abolitionists）らは、間違いなく気勢を上げていた一方、南部に同情的で、機を見て介入することを意図していたフランス、イギリスなどのヨーロッパ勢の出鼻をくじいた。

何よりも、宣言は黒人らの気持ちを沸き立たせ、その結果、多くの奴隷を南部の主人の屋敷から脱走させ、北軍の陣地へと駆け込ませることにつながった。

---

17 国務長官 William H. Seward の、「どこかで大きく勝利したタイミングでやっては」、との助言により、1862年9月19日の Antietam での勝利の後に行っている。

（二）　合衆国としての次のステップへ

（a）更に、宣言が求める奴隷解放が、今や戦争の明示の目的として宣言され、全ての人の目の前に掲げられた。つまり、具体的に奴隷を解放することが、この戦争の大義、目的とされたのである。

それと同時に大統領は、奴隷制を禁じた修正XIIIの制定を後押しした（議会は1865年1月31日に3分の2の特別多数によりこれを可決している）（12月6日に各州による批准もできた）。

実際の戦いにも、黒人らは積極的に参加していた。これより前の1862年には、州や各地方自治体が保有するMilitiaのレベルでは、かなりの黒人をリクルートしているところもあって、それらのMilitiaが連邦軍に吸収された例もある（黒人兵の比率としては、やがて北軍の10％を構成していた）。

「白人に負けじ」と勇敢に戦ったのであろう。それらの黒人兵の犠牲も大きかった。黒人兵士の戦死率は約20％と、白人のそれよりも高かった。これを実数で見ると、黒人兵士約18万人がいたが、その20.5％に当たる3万6000人余りが戦死していた。

たとえば1863年5月27日のPort Hudson（ルイジアナ州）の会戦では、味方を上回る火力の南軍の砲火の前で、黒人兵士らは勇敢に前進した。その戦いでは、敵陣に攻め込むことまではできなかったが、その勇敢な戦い振りは、それが黒人兵士らによる最後の大きな会戦であっただけに、北の将軍Nathaniel P. Banksの称賛も呼んだ。

南北戦争は、南部州にいた奴隷らにとっては、自由を得られる、またとないチャンスであるから、北軍の戦線まで必死で逃亡してくる者が、後を絶たなかった。そうした南部州からの逃亡奴隷を、戦死した北の兵士の埋葬から始まって、北軍の様々な使役に利用した。

（b）他方で、南部州の支配層の白人らにとっての南北戦争は、正に第2の革命戦争といってもよいほど、大きな犠牲を払う戦いであった。

戦争が始まった頃には、全世界での綿花の3分の2を、アメリカ合衆国の南部州が供給しているような状態であった（その多くが、イギリスの工場向けに送られていた）。

そこで、戦争が始まるや否や、北の海軍は、Anaconda Plan をスタートした。Winfield Scott 将軍のアイデアで、南部州の港を全て封鎖してしまったのだ。Blockade Runners による多少の輸送はできたが、この Anaconda Plan により、南部は手痛い打撃を被った（その間、イギリスのマーケットを浸食したのが、エジプトとインドの綿花であった）。

(c) 再建期に対しては、アメリカの歴史家の中には、「急進的な Black Reconstruction」として、これを評価しようとするグループと、それに反対する、いわば修正派のグループがいることを記した（(4)(イ)(b) など）。その中で、20 世紀後半になってからは、これを「異人種の参加するデモクラシー」として、肯定的に再評価する動きが出ている。

いずれにせよ前にも述べた通り、アメリカ史上、最も大きな変化である。基本法が永久的に変えられ、「アメリカ人」、「アメリカ市民」の定義も、根本から変えられた。

再建期の大半を通して、南部では黒人が、共和党の白人らと手を組み、一時は、ほとんどの州で実質的に政権側に入っていた。その間、黒人らは彼らの立場から、必要な立法を積極的に推し進めた。即ち、黒人らのための公教育であり、コミュニティレベルでの保健・衛生であり、文化施設である。

(ホ) もう１つの問題、南部連合の連邦への復帰

(a) もう１つ、南部連合の一員として、北の合衆国に敵対して闘った、11 州の処遇、つまり連邦への復帰問題がある。

これには、共和党の中にかなり厳しい条件を出すグループがあり、しかも、多数にならんとしていた（いわゆる Radical Republicans）。

その中での、いわゆる Wade-Davis 法案に対しては、そうした議会の多数派が通してきた法案であったが[18]、リンカーン大統領は、これを握り潰してしまっている[19]。

この大統領による握り潰しに無念でならない２人の議員は８月に、いわゆ

18　Wade-Davis Bill は、議会の上下両院で可決されていた。各州の「有力者の 50 ％が合衆国憲法に服することを誓うこと」が中心的条件で、またリンカーンの条件が、南部連合の文武官だった者だけが宥恕されない、というのに対し、「誰にせよ、武器を取って南部連合の側で戦った者」、を全て除外していた。

る Wade-Davis Manifest を出して、リンカーンを非難していた。「南部によい顔をしておいて、自らの将来の安泰を図ったんだろう」、という訳である。

このように、弾力的な対応を志していたリンカーン大統領は、その点で議会と対立し険悪な場面もあった。

そんな中で、歴史的な法律、1867 年再建法を中心とする再建法（Reconstruction Acts）が議会で成立する。市民権や投票権の黒人への付与と、修正ⅩⅣの批准を連邦への復帰の要件とした同法は、合衆国の歴史を大きく決定づける意味を有した（この他に、5 つの地区に分けて合衆国軍が進駐し、軍政が敷かれることになる）。

一方、戦後のアメリカ全体の運営について考えていたリンカーンは、何よりも、合衆国を離れた南部州の復帰と、南部州を受け入れることへの、北部も納得できる条件を考えていた（たとえば Ten Percent Plan、つまり、南部州民の 10 ％が、合衆国に対する忠誠〔loyalty〕を誓ったら、復帰を可能とすることである）。

(b) より柔軟なアプローチを探し求めていたリンカーン大統領は、幅広い「宥恕と復興の宣言」（Proclamation of Amnesty and Reconstruction）を 1863 年 12 月に発していた。それは基本的に、上記のように、その州人の 10 ％が合衆国への忠誠を誓ったら、復帰が可能となるという Ten Percent Rule で、それにより、元の南部連合のリーダーらの公職復帰も認めようとするものであった。

このように緩やかな条件であったが、その中の奴隷問題については、例の「敵方の南部連合に対して発せられた解放宣言（1863 年 1 月 1 日）によって自由になった黒人の再奴隷化は許さない」、とするもので、戦前に彼が表明していた考えから、後退するものではなかった。

なお、一連の再建法のうちの最初のものは、ジョンソン大統領の拒否権を乗り越えて、1867 年 3 月 2 日に可決されている（その後、年内に 2 回、1868 年に 1 回、追加〔改正〕されている）。

一方、南部 11 州は、合衆国に復帰するために、連邦議会に対しては、いわ

19　1864 年 7 月 4 日、前注のように議会の上下両院で可決された Wade-Davis Bill は、大統領が「握り潰し」（Pocket Veto）ても、即ち法案にサインしなくても、10 日後には成立してしまうが、その 10 日以内に議会が閉会（Adjourn）してしまうと、その成立はないことになる。それが正にこの時の事実であった。

ば辻褄合わせの恭順の姿勢を見せていたが、それぞれの州の中では、いずれも、かつてのブルボン民主党が、後の（4）に見る通り、やがて権力を取り戻していった（1876年までに、南部11州の中で、まだ共和党政権のままだったのは、フロリダ、ルイジアナ、サウスカロライナの3州のみとなっていた）。

　その後、1873〜1874年の不況で、経済も危機に瀕すると、民主党が一段と有利になり、戦後初めて、南部州の全ての議会下院で多数を占めるようになった。

　(c)　結局、法律上では奴隷をなくし、黒人らにも平等な政治的権利を与えたが、白人が多数で、かつ権力も握っていた南部州の現実社会の中では、300年続いて来たこの国の根本を、おいそれと放棄させ、消滅させることはできなかった。北（合衆国）が、最大10年間ほど、延べ50万の兵士を南部に駐留させて押さえつけていても、大きく変化することはなかった。

　そんな中でGrant大統領は、1875年、ミシシッピ州に合衆国軍を送ることを拒んだ（それ以前には、ルイジアナ州などには合衆国軍を派遣して、反乱などを鎮圧していた）。

　「もうReconstructionには手を貸さない！」という合図である。そして1877年、大妥協（Compromise of 1877）がなされた。共和党の大統領候補Rutherford B. Hayesが、議会の民主党との間で行ったものだ。争われていたHayes氏自らの選挙証明について、民主党の同意が得られるのと引き換えに、民主党が南部を、実質的に全て取り戻すことを認めたものである。

　つまり、奴隷制の不完全な解消状態も含めて、南部を「そのまま、手つかずにする」ことである（その結果として生じたJim Crow体制に、再び手がつけられるためには、1960年代に入って本格化した公民権運動〔Civil Rights Movement〕が沸き起こってくるまで待つことになる）。

　以上のようにして、民主党が南部を取り戻すについては、民主党は仲のよいParamilitary Groupsの力を借りた。準軍組織といえば聞こえはよいが、いってみれば、半ば暴力団のようなグループである。

　KKKの他にも、White LeagueとかRed Shirtsとかが、南部各州などに生まれ育っていた。1868年から後は、選挙は、そうした暴力団的な連中が取り

囲む中で行われてきた。

(d) 革命戦争時と比べ、南北戦争では、多くのアフリカ系黒人が北（合衆国）の陸軍（Union Army）や、その海軍（Union Navy）の一員として戦ったことが、かなり克明に記録されている[20]。

海軍も含めて、彼らは United States Colored Troops（USCT）として編成されていたが、これが選挙区全体を政権寄りにするのに、殊にその最後の2年間、北（合衆国）側に有利にするのに働いた（5年間の戦いを通して、黒人兵士らは、主な合戦に参加し、何百という戦闘に関わっていて、16人が勲章 Medal of Honor に輝いている）。

大統領リンカーンを含め、合衆国軍のリーダーらにとっても、黒人を自らの部隊の一員に加え、戦闘に参加させることに対しては、当初、かなりの懸念があった。

加えて、合衆国から離脱しなかった浅南部のいわゆる Border States に対するリンカーンの作戦上の思惑もあった[21]。奴隷州のメリーランド州は、合衆国の側についたが、州内には奴隷保有白人が多く、心情的には南部連合の側に近かった（しかも、そのメリーランド州は、地理的に首都ワシントンをぐるりと取り囲んでいた）。

その一方で、白人による合衆国軍への参加（ボランティア）率は低下を辿り、その面からも、Black Soldiers の採用に迫られていた。

（ヘ）19世紀中頃から後の、白人至上主義

(a) 南北戦争が始まり、合衆国として徴兵制（Draft System）が導入されると、それまでニューヨーク市などの最下層に甘んじてきたアイルランド系の人々が騒ぎ出した。

大体、彼らは白人社会の最下層として扱われ、住の問題にしても、黒人ら

---

20 たとえば陸軍では7122名の士官 Officers と17万8975人の兵士が、そして海軍では約2万人が、延べで参加したと記録されている（wikipedia）。

21 Border States として分類されるのは、デラウェア、メリーランド、ウェストヴァージニア、ケンタッキー、ミズーリの5つの奴隷州である。これら5州は、リンカーン大統領による「代価を払うのと引き換えに、奴隷を解放しないか？」との申し出を拒んでいたが、1865年にケンタッキーとデラウェアを除き、いずれも解放している。

の居住区と隣り合わせに住み、職においても、黒人らとの間で相手の得意とする分野（男は警備員、門番など、女は清掃員、女中など）を、互いに奪い合っていた²²（その一方で、アイルランド系と黒人らとの間の結婚も多かった）。他の白人社会に対する複雑な心理が働いていたろう。

　さて、リンカーン大統領の下で徴兵制が導入されると、真っ先に対象とされたアイルランド系などは、声を大にして反対し出した。1863 年 7 月のマンハッタンでは、遂に暴動（Draft Riots）も起こしている。

　このため、マンハッタンの 40 丁目辺りから、その南北の教会、学校などの公共の建物や金持ちの個人住宅などが攻撃された。

　(b) その 19 世紀半ば、市内には 1 万人から 1 万 6000 人余りの黒人がいたが（時代により上記の線の間を上下していた）、元々決して居心地がよかった訳ではない。ニューヨークには、早い時期から奴隷制廃止に加担する著名人 Robert R. Livingston などがいた一方で、保守的な商人の町を反映して、市議会の大勢は、現状維持派が占めていた。

　その背後には、白人インテリ層のかなりの部分に、白人至上主義の思想（White Supremacist Ideology）が根づいていたことがある。

　もう 1 ついわれているのが、19 世紀のこの時期、ニューヨーク市内で生活していくことの厳しさである。

　アイリッシュなどの白人にとっても厳しいのであるから、黒人にはその厳しさが、倍加してかかっていた。人種の問題があり、しかも白人至上主義の考え方が、市内白人支配層の基本にあった。

　黒人が、少々学問がある自由人だからといって、そんなものは吹き飛んでしまう。黒人らは、市内のあちこちで、絶えずリンチや小規模な集団暴行の的とされていた。

　(c) それに耐えかねた黒人らは、Draft Riots の 1863 年より前の 1834 年に、人種暴動（Race Riot of 1834）を引き起こしている。

　市内の社会・経済を手中に握る白人至上主義者らが、旨味のある全ての職

22　最下層の白人らは、奴隷制の下では競争上、太刀打ちできなかったが、奴隷制の廃止後は、それら元奴隷の黒人を押しのけて職を確保していた。

業から、黒人らを事実上締め出していたからだ。彼らに残されていたのは、手押し車の運搬人とか、沖仲仕とかであった。

　悪いことに、市内で社会・経済の実権を握る大商人らは、世紀のはじめから、もう数十年にわたり南部（木綿の売人ら）と強いきずなで結ばれていた。つまり、市内の大商人らも、黒人らに対する劣等観をベースにした南部商人らの社会感覚などを受け継ぎ、分有していた。

　19世紀中頃の市内で、もう走っていた市電では、人種別にスペースが厳然と区別され、仕切られていた。一方、南部からニューヨークにやって来る綿商人などは、白人（アイリッシュ）と黒人が全く仲間として互いに隔てなく付き合っている様に吃驚していた（2012年2月17日のニューヨークタイムズ紙が伝える当時の下町の光景である）。

　商人の町ニューヨークで、市民らは、その最大の Trading Partner である南部との間で南北戦争が始めるのを、とても嫌がっていた。

　ニューヨーク商人にとって、南部の綿は最も大切な品であり、その港から出荷される価値全体の40％が綿から生み出されていた。また奴隷貿易（取引）にしても、1808年に正式に禁止されたが、ニューヨーク市の闇の奴隷取引（Illicit Slave Market）は、衰えを知らなかった。

　(d) そんな次第で、南北戦争が開始した1861年、市内では合衆国からの脱退の話すら交わされていた。更に、市の反戦政治家らは、アイルランドやドイツ系移民らに警告した。

　「大統領によるあの奴隷解放宣言で、どうなる？」、「何千何万という自由を得た元奴隷が、君らの仕事を奪っていくぞ！」。

　その南北戦争の最中の1863年はじめ、合衆国軍の兵士不足に直面していたリンカーン大統領は、上記のように、新しく「徴兵法」（Conscription Law）を制定した。20〜35歳の男子と、35〜45歳の未婚男子全てに、兵役を義務づけるものだ。

　該当する男子は、全て籤にかけられたが、唯一、政府に300ドル（今の価値で約6000ドル、それは当時の人の年収に相当する）を納めれば、その義務を免れた。なお黒人はこの義務を負っていない。

（ト）分離する以上に、野心のなかった南部

　（a）一方の南部11州であるが、元来自らの社会の基盤、奴隷制を守ることが大義であって、それ以上に「北に攻め込む」とか、「征服する」とかの野心もなかった。

　アメリカは、その独立のため母国イギリスと闘った戦争でも、もう既に、フランスやオランダを味方に引き入れている。南部連合も、この北との戦争において、ヨーロッパを味方につけることを狙って、早々に動いた。

　その第1が、南部連合を、独立国として認めて貰うことである。その文脈で、南部連合がもう1つ勘定に入れていたプラス要素が、南部連合の特許品ともいえる King Cotton である。

　たとえば、繊維工業が盛んなイギリス。南部連合からの綿花が入ってこなくなったら、「大変だ！」となるに違いない、という計算があった。

　（b）ところが、この計算は当たっていなかった。イギリスは、もう1年にもわたり、その場合に備えた代替措置を研究していた。インドとエジプトからの購入だ。そうでなくともイギリスは、その食料の多くを北部アメリカから買っていた。

　南部連合は、2人の特使をフランスとイギリスに送っているが、何らの成果も挙げられなかった。おまけにイギリスでは、奴隷問題そのものでも好ましくない反応が示された。

　イギリスは、1833年に海外入植地での奴隷制を廃止していて、1840年にはロンドンで反奴隷の世界会議を主催していた。また何人かの雄弁な黒人のAbolitionists らも、イギリスに行って反奴隷の講演会をして歩いている。

　戦争の最中の1861年秋に、合衆国海軍がイギリスの汽船上で2人の南部連合の高官を捕らえるという事件があり、イギリスの世論は沸騰したが（Trent Affair）、その時は、ビクトリア女王の計らいで（それにリンカーンが乗って）、アメリカが2人の士官を解放し、騒ぎは収まった。

　南部連合は、その後もあらゆる外交上の努力を重ねたが、その中には国内向けにトラブルとなることから、表向き「奴隷制の廃止」の言葉は使わなかったが、ヨーロッパから独立国として承認して貰うために、数多くの約束、

表明をしていた。

　（c）南部連合にとり奴隷制の擁護は、その生命線であったから、これらの外交上の努力をするにしても、その発言内容の曖昧さは拭えなかった。

　何よりも目についたのは、その内政でも外交でも、全ての行為において出て来るのは、白人だけであった。そこには黒人の姿、力、協力、知恵などによる参画が、一切見られなかった。

　では黒人は、どうしていたか、何を思っていたか。彼らも南部連合によるヨーロッパ世界へのアピールに口添えができたら、したかったであろう。しかし、そこでの実生活上の壁は固く大きかった。話したくても話せない、人種の壁（Racial Boundaries）である。

　これに対して、北では市民生活上の共存はさておいても、戦場で白人と黒人とが肩を並べて戦っていた。

　上記のリンカーンによる徴兵法が、1863 年にいわゆる Draft Riots を、デトロイトやボストンを含むあちこちで引き起こしたが、ニューヨークほどの荒れようは他になかった。何百人もが殺され、更に多くが傷を負った。

　中でも、黒人は狙われた。約 3000 の黒人の住む家が壊された。この Riot、結局、1967 年の Detroit Riots と 1992 年の LA Riots を抜いて、アメリカ史上、これまで最大とされる。

　市長が要請した連邦軍（Gettysburg で戦った連隊）が来て、4 日目の 7 月 16 日に、流石のこの New York Riots も収まった（その間の死者は、公表 119 人だが、実際には 1200 人になろうという）。

（4）取戻し期と、白人らによる凶暴行為

（イ）Black Reconstruction と、その反対勢力

　（a）アメリカの憲法には、その改正手続きを定めた条文がある（V）。その非常に厳しい要件の下、240 年ほどの歴史の中で、実際の改正は 26 回しか行われていない。

　それも、主に手続き的な改正が多い中で、この南北戦争後の改正条文、修正XIII〜XVの 3 つは、憲政史上でも唯一の、実質的な大改正である。それも、

黒人の人権に集中しての、人権憲章としての見地からの、大きな改正である（他に1791年に成立している修正Iから修正IXも人権に係るが、奴隷制をそっとしたままのものであり、十分な意味の人権憲章ではない）。

　即ち、当時の人々の意識からすると（南部の人からは特に）、かなり急進的な改正であった。これを推進したのが、議会内の北の急進的共和党員ら（Radical Republicans）であった。

　彼らが狙っていたのは無論、南部州であった。そこでは表向きは、奴隷制は最早存在しないものの、実質的にはかなりの差別が残っていた（いわゆるJim Crow Lawである）。

　その南部州が、北の共和党のいうことに、本当にどこまで従うかは、彼らが、合衆国の州として復帰する上でテストされるにしても、この実質が、持続性こそが、正に問題であった。

　そこで北の共和党員らは、二度目のテストとして、そうした実質的な差別を残している南部州に対し、「法の支配」と「平等」の2つの基準を改めて求めた。

　しかし、大統領がリンカーンからジョンソン氏に代わって、この北からの要求が緩やかになると、南部州は、いわゆるBlack Codesを次々に制定し、黒人らの自由を制約することを始めた。

　これを見た共和党員らは、いずれも「州は……してはならない」、との言葉遣いによる修正XIVと修正XVとを制定した。

　修正XIVと修正XVと、先の修正XIIIとの3つの大改正について列記すると、まず修正XIIIは、正に奴隷制そのものを禁止している。次いで修正XIVは、より端的に、「各州は……してはならない」との言葉遣いで、「市民権を損なってはならない」とする一方で、「法の支配」と「平等」を否定することをも、同じように禁じている。最後の修正XVは、先述の通り、投票権を保障したものだ。

　これら3つの修正条文は、いずれも人権の本質的な部分を定めた、その意味で実質的な規定であり、元の合衆国憲法が主として統治機構を定めているのとは対照的である（修正I〜Xの1791年の改正も、その意味での、「人権に関わる実質的な規定」である）。

それら南部州が、それぞれの州議会により立法でできる人権に対する制約の範囲を厳しく限定するように動いたのである。

(b) アメリカ合衆国史の中で、何が大きいか？といえば革命戦争に加え、南北戦争と、そこからの再建期 (Reconstruction Era) であろう。何しろそれまで奴隷、つまり「物」でしかなかったものが、「人」となり、「人」として、しかも合衆国市民として、扱われ出したのであるから。

このように、今までいわば、「死んでいた黒人の力」が生かされるのであるから、期間的には 1866〜1880 年と短かったとはいえ、この再建期は、それなりのメリットと意義 (殊に黒人らにとって) があった筈である。別名 Black Reconstruction とも呼ばれている。

この Black Reconstruction に対し、アメリカのアカデミアは概して辛い点をつけてきた。中でも、コロンビア大学を中心とする Dunning School という一派が、この時期を "Failure" だとしてきた。

これに対するのは、W. E. B. Du Bois が示す見方である (このタイトルで、本を出している)。「Slavery Based Plantation Economy から Worker Ruled Democracy へと転換させた」、と評価している。

その中で Du Bois は、「戦争直後に何が起こったか」、「生じたか」、から始める。それは 400 万人の奴隷が白人の主人らと同じく、暫くの間、余りの変化の大きさにボーっとしていたことだ。だが、そうすることにより、一種の Potential General Strike、つまり、「実質的なゼネストに入っていた」と見ている。

その間に、次第に固まってきた志向。その根底には、「もう奴隷というものは存在しない」、という考えがあった。

彼らが耕作などに参加する南部 11 州で、大混乱が起きたということはなかった。しかし「そこに何らの抵抗もなかった」、といったら嘘になる。それまでの下層白人ら、Plantation で鞭を振りかざしていた Overseer らが、その間、しばしば (KKK などを使って) 暴力沙汰を生じさせている。

(c) また南部 11 州では相変わらず、白人の大地主を中心とする民主党が政権を握り続けたが、そうした民主党政権でも、政策面で多少の譲歩はしてい

る。即ち、黒人らのための少々の費用を、公的教育、保健と福祉などに計上せざるをえなかった（無論その間、5つの軍の管理地区では、北の武力による鎮圧、合衆国軍の進駐を必要とする状況であったが）。

　Du Bois は、この間の残念な展開として、貧しい白人層と奴隷から自由になった黒人との間で、互いに歩み寄りがなかったことを挙げている。互いに分断されたままで、一致協力して大地主層に対抗する動きがなかったことを指摘している。

　これが南部11州で、元の大地主が、やがて各州の政治を自らの手中に取り戻した、いわゆる「取戻し期」（Redemption Era）につながったという。

　その後に、いわゆる Jim Crow Laws を作り、下層白人らとともに、実質的に恵まれないクラスに黒人らを押し込むことができたことに結びついているという。

（ロ）感じられた黒人らの意気込み

　（a） 戦争が北（合衆国）の勝利によって終結するや（1865年4月）、それまで奴隷のくびきに縛られていた黒人らが立ち上がって、集会、パレードなどを始め、また役所に様々な請願を提出し始めた。

　更に、2年以内に南部の州と郡内とに、National Equal Rights League というグループを立ち上げた。その要求リストのトップには、「投票権」が掲げられていた。こうして始まった再建期は、前出の別名 "Black Reconstruction" と呼ばれるのに相応しい面も有した。

　リンカーン大統領が暗殺された1866年4月に、大統領に昇任した副大統領だった南部出身の Andrew Johnson 氏が、黒人らの立場から見て後ろ向きの政策（制限的な Black Codes の立法など）を採り始めると、黒人らはそれに激しく反対した。

　併せて起こってきた、北の共和党員らによる連邦議会下院での圧倒的勝利、それは Johnson 氏の拒否権（Veto）を優に覆す3分の2の多数を大きく超えていた。

　こうした中で起こってきた黒人らの政治への参加は、1867～1877年の間に共和党の急進派によって引っ張られた Radical Reconstruction と呼ばれる運

動により、目を見張るほどに進んだ。

その中で黒人の有力リーダーらは、黒人らを下層階級化することの終止を求め、元奴隷を市民レベルに引き上げることを求めた。

まず共和党の役員として、トータルで265人の代表が選ばれてきたが、そのうち100人超は元奴隷であった。このReconstructionの間に、連邦議会下院へも16人が選出され、州の議員には600人以上が選任されている。

(b) このような急激な変化、黒人らによる政治への登場を黙って見ていられないのが、元の奴隷主（Slaveholders）、南部の白人らである。

彼らはKKKなどと手を携えて、この黒人らの台頭を何としても、短期間に抑え込み、再び元の下層な地位に閉じ込めたかったし、そうしようとした。そのKKKは、奴隷制を正式に廃止した修正ⅩⅢが批准された日から3週間足らずの1865年12月24日、元南部連合（Confederate）の8人の兵士らによって結成されている。

1870年代に入ると、元南部連合の民主党員だった者らも、選挙権を回復できて政権に復帰してきた。彼らは、黒人らの力を抑え込むため、KKKなどを通して、そこへの道を模索していた。それにより、その後4000人を超える黒人らのリンチ事件が発生している（Du Boisらは、これを"Armed Guerrilla Warfare"と呼んだ）。

そんなテロの到来の中で黒人らは、たじろぎ、慄いたが、しかしそれでも有権者の80％が、投票の登録を済ませ、南部を通して見れば、上記のように2000人以上の黒人が、一旦は何らかの公職に就いていた。

(ハ) 対する南の怨念

(a) 南部の視点からすると、取戻し期（Redemption Era）とは、それまで南部を占領していた共和党の急進派による北（合衆国）の支配をひっくり返し、州政治を自分たち民主党（Bourbon Democrats）の手に取り戻したことを指す。

その取戻し期の間に、ミシシッピ州を皮切りとして、11州のうち10州が、黒人を政治から締め出し、実質的な人種差別を行うこと（Disfranchising）を可能にする州憲法を制定していた。

南部は元々、白人至上主義を信奉する白人らの金城湯池である。それなの

に、戦勝した北の政治勢力（中でも南の連中にいわせると、「南で一儲けしようという」、いわゆる Carpetbaggers）が「再建期だ」と称して、のさばってきた。

　その彼らを、南部の白人らは、寄ってたかって追い出し、叩き出した後、南部を取り戻し、再び自分たちの天下にする、それがこの取戻し期だ。

　そうした見方は、一面、党派色で歪められているところがあったとはいえ、彼ら Bourbon Democrats による共和党政治への批判には、的を射たものがあった。「とても非効率で、無駄が多く、かつ腐敗している」、には多分に根拠があったとされる。そして彼らは実際、その通り南部を取り戻した。

　しかし歴史家は、この呼び名、「取戻し期」の使用には、かなり慎重である。

　（b） こうした北の共和党による占領に等しい「再建期」（Reconstruction Era）から、取戻し期へのはっきりとした転換は、ジョージア州の場合、1872 年 1 月の知事選により共和党が政権を取ったことによって、民主党の白人らによるその動機づけがとても明確にされた。

　というのは、その共和党の知事を、民主党が寄ってたかって追い出したからだ。以来 134 年間、同州はずっと、民主党によって牛耳られてきている。

（二）　ジョージア州の復権

　（a） 当時の南部州ジョージア州も、自らが追ん出た合衆国という仲間の輪に入れて貰うため、戻して貰うためには、北の用意した枠組みに従うしかない。それには、連邦議会が 1867 年に圧倒的多数で可決した法に従うしかなかった。

　北の用意した枠組みの中でも大きいのが、黒人らにも選挙権を与えることである。ジョージア州を含む南部州は、その線に沿って州憲法を新たにしている（1868 年）。

　この時 1 回だけ、ジョージア州の知事選で、共和党が民主党の候補を破ったが、ジョージア州の民主党は、実力行使も否定しなかった。悪名高い KKK の力も動員した。

　中でもひどいのが、1868 年 9 月 19 日のジョージア州 Camilla の町で起こした実力行使である。Camilla Massacre とも呼ばれ、演説会に来ていた 9〜13 人の黒人（正確な数は判定されていない）が虐殺されている。

連邦政府が元奴隷などのために新設した「自由人局」（Freedmen's Bureau）によると、この 1868 年選挙に至る前の 3 か月だけで、31 人の黒人が殺されたという。

　(b) これを受け連邦政府は、ジョージア州の合衆国への復権をストップし、北軍の州内駐留を行って、その直接の管理下に置いた。ジョージア州では、その前に、民主党が黒人らを失格にした上で、白人らが州議会の議員となっていたが、それらを駐留軍の司令官は追い出した。その後ジョージア州は、1870 年 2 月に連邦憲法（修正XV）を批准し、11 州中の殿として、再び合衆国に加盟が認められている。

　上記のように、ジョージアは一旦、合衆国への復帰が認められていたが、州議会への黒人の代表を 1869 年に排斥していたことから、その復帰が取り消され、1870 年 7 月 15 日になって、再復帰が許されたものである。

　こうした経緯を経て、1870 年 12 月の州選挙でジョージア州は、完全に復権し、民主党が州の上下両院で多数を占めることになった。それまでの共和党の知事は辞任して、州外に逃れて行った。

　民主党の牙城であるかのようなジョージア州であったが、その後の 1890 年半ばくらいまでに、その統治にさざ波が立った。Populist 党の出現により、同州政治に波乱が生じたことである。丁度 19 世紀末の 10 年は、南部の綿農場にとっては最悪の時期だった。木綿の価格が暴落していたところへ、第 2 の生命線となる鉄道運賃が高騰したからである。

　そこへ現れたのが、弁説さわやかな Tom Watson であった。多くの白人の貧農を引きつけた上、黒人も一時、その弁舌に惑わされていた。

　(c) 何にせよ、民主党は、今や共和党の他に、この Populist 党が出現したことで、前後に敵を引き受ける形になった。しかも Populist 党は、黒人の耳にも心地よい話をする（州内では党のキャンペーンの要職にも黒人を就けていた）。Populist 党はまた、注のような、黒人を実質的に受刑主体にしたアメリカ南部独特の刑罰、"Convict Lease System" を「止めさせるから……」とも宣伝していた[23]。

　しかし、黒人の方も、やがて Populist 党への不信を抱くようになるととも

に、南部共和党の支持に戻っていくという具合で、Populist 党と黒人との関係は長持ちしなかった。

　実は、ほとんどコストがゼロのこの囚人労働を、耕作などに利用する"Convict Lease System" が、19 世紀末近くから 20 世紀の早い時期にかけて南部などで広く行われていた（囚人といっても、その大半は黒人である）。

　農場主や工場主などが州 County または City との契約（Convict Leasing Contract）を結んで行っていた。これは一種の強制労働であり、NPR もこれを"Lived in Filthy Barracks and Ate Rotting Food" など、"In Horrible Conditions" だった、と伝えている（2020 年 8 月 21 日）。

　ところで Populist 党自身も、1896 年の大統領選まで、まあまあの力を発揮できていたに過ぎなかった（いずれにせよ、「2 大政党制」が根を下ろしているかのようなアメリカで、この Populist 党の歴史は興味深いものがある）。

　再建期に絡んだ、今 1 つのエピソードがある。4 つほどある Reconstruction Acts の 1 つ、「人身保護法」（Habeas Corpus Act）に係るものだ。

　南部連合の将校の 1 人として戦ったジャーナリスト、William H. McCardle 氏は、ミシシッピ州で新聞の Editor をしていたが、北の合衆国による南部の支配に反感を抱いていて、批判的な記事を出した。そこで逮捕された McCardle 氏。

　再建法の 1 つとしての Habeas Corpus Act を援用して最高裁まで上告していった。実は、この法律、奴隷が自らの人身保護のために、南部州に対し援用すべく作られたものであった。

　そこで、同法を先に成立させていた議会がどうしたかというと、急進派共和党は、「この再建期のために取られた議会の措置については、司法による審査が及ばない」とする法律を通したのだ（この法律も、大統領が Veto を行使したが、議会は 3 分の 2 の多数で通していた）。

　これを受けて最高裁は、McCardle 氏による上告を、「裁判所は管轄権を有

23　この Convict Lease System は、主として黒人を実質的に受刑主体にして、南部州のいくつかで立法されていて、実際にも、圧倒的多数が黒人の受刑者であった。それも交通違反などの軽微な受刑者で、それを州は、民間との契約により、その民間人が農作業や土木工事などに使用できるよう契約していた。

しない……」との理由により、却下している。

(ホ) 現代に通じる人種問題の困難

(**a**) 白人至上主義（White Supremacism）が、この取戻し期とともに表面化してきたことは、上に記した。

黒人らは取戻し期にどうしていたか？

再建期に北部の急進派の共和党（Radical Republicans）に助けられ、また北部から南部に来たCarpetbaggerらと、更に南部のScalawagらとの協調で、黒人らは、前記のように連邦議会以下、かなりの公選制の職に代表を送れていた（このCarpetbagger も Scalawag も、ブルボン民主党からはボロクソにいわれていた）。

それが取戻し期になって、ガタっと減少したが、これには白人らによる選挙妨害などに加えて、KKK などによる黒人らに対する暴力沙汰など、実力行使の効果も大きい。

(**b**) そんな中でも、教育を受けた黒人らは、前述のような Freedom Suit なども起こして、自らの権利の回復に努めた。こうした黒人による権利のための闘争には、Booker T. Washington が、資金面で助けていた。彼は、自らが始めた黒人らの啓蒙運動のための機関である Tuskegee Institute 関係で、多くの一流政財界人とも知己の間柄にあったが、その彼を応援してくれている白人（Big Business の CEO など）からの支援を、Freedom Suits のために振り向けていた。

そうした Freedom Suits の中でも、連邦最高裁まで争ったケースがいくつかあるが、この時期、アメリカの最高裁は、いわゆる Warren Court とは違っていた[24]。たとえば 19 世紀末前後には、何件かの事件で、人権にはむしろ厳しい判断を示している[25]。

前記のような黒人らによる Potential General Strike は、「戦争直後だから」

---

24 Warren Court は、アイゼンハワー大統領が任命した Earl Warren 判事の下での、予想外に進歩的、人権擁護的だった 20 世紀半ばにかけての時期の最高裁をいう。

25 こうした人権擁護の点で、余りぱっとしない時代の最高裁のケースとして、（ⅰ）Giles v. Harris, 189 U.S. 475（1903）や、（ⅱ）Williams v. Mississippi, 170 U.S. 215（1898）がある。この（ⅱ）は、投票のための文字テストや、人頭税（Poll Tax）の要件などを定めても、違憲ではないとしたものである。

というよりは、実は、その前から始まっていた。働くことを止めて、できれば敵線を越えて、合衆国軍の下へ駆け込むことを試みていた。

こうして働き手が欠けた南部11州では、生産が落ちる一方で、合衆国軍には兵士希望者が押しかけた（つまり、その前に奴隷所有者の白人らが宣伝していた、「奴隷らは好待遇に満足して……」、が嘘だということが示されたことを意味する）。

Du Bois の場合、再建期を黒人らの立場に立って肯定的に捉えることからスタートして、むしろ、これを「黒人らのための革命」と捉える。それは、黒人らの多くが、アメリカがイギリス王国からの独立を果たした革命戦争をではなく、南北戦争を、彼らのための「真の革命的出来事」と捉えている態度と一致する。

（c）他方の、南部の白人らの過半は、再建期が気に入らなかった。そこで、あちこちに White Militia ができた。またボランティアの消防隊員も膨れ上がっている。

それがある意味で White Militia の卵を養成していたといえる（In ‘Life of a Klansman’, 2020 年 8 月 2 日 NPR）。それでなくても、少なからぬ白人警官が、巨大男の黒人に対して恐怖心を抱くというではないか。白人至上主義には、ある意味で白人らの強迫観念が入っている。つまり、「今に黒人らにやられてしまうのではないか？」、といった心理である。

その故か、表立ってはとても強気であり、White Pride とか White Privilege などの言葉も用いている。また、数多くのリンチ事件も、このような強迫観念が背後にあった、と理解することですっきりする。

暴力だけではない。南部の白人らが狙っていたのは、各州政治である。そのためには、彼らが蔑んでいた Scalawags（つまり南部の白人でありながら、北の共和党に取り入ろうとする人々）にも近づいていった。

そうした点で、ルイジアナ州での1868年秋の選挙は、双方が力を入れていた。彼らは、昨日まで牛や馬と同じに扱っていた奴隷たちが、政治の世界で結果を左右できることに納得できなかった。

そこで勝利するための手っ取り早い方法、その1つが、新しく権利を獲得してきて、共和党シンパの黒人らに投票させないことである。

ルイジアナ州中央に近い St. Landry 郡役所で、それが行われた。実行した
のは KKK である。9 月 28 日から 11 月 3 日の間に、200〜250 人を殺した。し
かも彼らは、如何にも元奴隷らによる反乱があり、それを鎮圧するプロセス
で生じた殺戮であるかのように宣伝した。

　こうした殺戮が、選挙結果を左右したことは無論であるが、そもそも選挙
を左右するための手段として「ここまでやるか！」というのがある。

　ルイジアナ州では、これだけではない。1872 年の同州知事選挙でも、血生
臭い "Colfax Massacre of 1873" という事件を生じさせている。そこでも白
人民主党員らが 100 人以上の黒人共和党員らを殺していた。

　同じ 1873 年に民主党の知事候補だった John McEnery のサポーターら数
千人が、ニューオリンズ市警察と州のミリシアを敵に回して、戦闘状態に入
り、州政府の建物を占拠し、市内を占領し、共和党の知事を追い出した（連
邦軍が Ulysses S. Grant 大統領の命で到着して、一連の行動はストップされた）。

　その「知事選挙の始末をつけるんだ」、とでもいうのか、1874〜1875 年に
は民主党と結びついた組織、White League や Red Shirts が関わった殺戮が
起きていて、4 月から 10 月までの間に 1081 人（主として黒人の共和党員）が犠
牲になっている。

　(d) そうした歴史を持つアメリカ社会、そのどんな些細な面にも人種問題
がほの見えてくる。そこでの「白人」(White) は、黒人が Black と大文字で
書かれるように、ただ「白い人」という意味ではない。300 年の奴隷史を背
負った存在なのだ。

　時の流れの中で見えてくるのは、白人らによる黒人に対する一貫した攻撃、
迫害の歴史である。全国の 100 余りの都市を通して何百もの Riots が繰り返
されてきたが、そのほぼ全てが、白人の仕掛けたものであり、またそのかな
りのケースは、黒人らの住まいや Community への攻撃、打ち壊し（いわゆる
Ghetto Riots）によってスタートしている。

　そもそも、そうした黒人らの住まい、Community、Ghetto も、はじめから
白人らの住居区から締め出され、排除された、いわば余白の地帯にやっと見
出せたものが多かった（しかも、この Zoning には連邦政府の行政のみならず、立法府

も関わって、そのような線引き〔Redlining〕を行っていた)。このような現代での人種間格差を何と見るか？　300年の奴隷史と結びつける以外に、十分な説明が得られないのではないか。

　この白人らによる黒人らへの攻撃に劣らず非難されうるのが、アメリカの学校教育である。大体、先生の80％は白人であるが、彼らは悪意がある訳ではないが、アメリカの歴史を、その黒人史、奴隷史を知らない。

　というのは、これまで学校教育の中で奴隷史を採り上げようとする風潮がなかったからだ。先生たちが知らないことを教えようとする訳がない。だから、この不知、不教は順送りになって、ただ今も、アメリカの学校では、奴隷の真の姿、その生活史を誰も教えないし、知らない。

和 文 索 引

タ　行

欧 文 索 引

著者紹介

國生　一彦（こくしょう　かずひこ）

1954 年	東京大学卒業
1982 年	アメリカ、ワシントン大学ロースクール修士号
2004～2007 年	東洋大学法科大学院教授
現在	弁護士、國生法律事務所

【主要著書】

『アメリカの不動産取引法』（商事法務研究会、1987 年）

『国際金融法務読本』（東京布井出版、1988 年）

『判例にみるアメリカの不動産トラブル』（商事法務研究会、1989 年）

『現代イギリス不動産法』（商事法務研究会、1990 年）

『アメリカのパートナーシップの法律』（商事法務研究会、1991 年）

『e-の法律―サイバー世界の法秩序―』（共著、東京布井出版、2000 年）

『改正米国動産担保法―e-commerce 時代のグローバルな制度―』（商事法務研究会、2001 年）

『米国の電子情報取引法―UCITA 法の解説―』（商事法務研究会、2001 年）

『アメリカの誕生と英雄達の生涯』（碧天舎、2004 年）

『インターネットの法的論点と実務対応』（共著、ぎょうせい、2005 年）

『国際取引法―その実務法・比較法・統一法的考察―』（有斐閣、2005 年）

『国際取引紛争に備える―アメリカ、EU、イギリスでのトラブル予防から訴訟まで―』（八千代出版、2006 年）

『コモンローによる最新国際金融法務読本』（商事法務、2011 年）

『アメリカの法廷で闘うとしたら―日本とどれほど違うか―』（八千代出版、2013 年）

『アメリカの憲法成立史―法令索引、判例索引、事項索引による小辞典的憲政史―』（八千代出版、2015 年）

『アメリカの本当のはじまり』（八千代出版、2019 年）

『もう 1 つのアメリカ史―キング牧師と、公民権運動の志士たち―』（知道出版、2019 年）

アメリカ合衆国の生成とその奴隷史

2021 年 3 月 8 日　第 1 版 1 刷発行

著　者―國生一彦

発行者―森口恵美子

印刷所―美研プリンティング（株）

製本所―（株）グリーン

発行所―八千代出版株式会社

〒101-0061　東京都千代田区神田三崎町 2-2-13

TEL　03-3262-0420

FAX　03-3237-0723

振替　00190-4-168060